LA FIN D'UNE LÉGENDE

VIE

DE

JEANNE DARC

(DE 1409 A 1440)

PAR

ERNEST LESIGNE

CHARLES BAYLE, ÉDITEUR
à Paris, 16, rue de l'Abbaye.

—

1889

LA FIN D'UNE LÉGENDE

VIE

DE

JEANNE DARC

(DE 1409 A 1440)

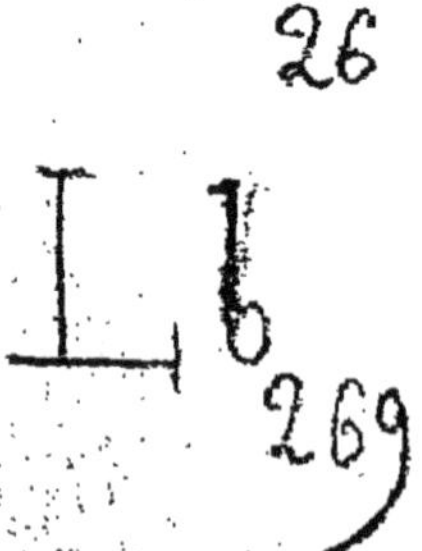

LA FIN D'UNE LÉGENDE

VIE

DE

JEANNE DARC

(DE 1409 A 1440)

PAR

ERNEST LESIGNE

CHARLES BAYLE, ÉDITEUR

à Paris, 16, rue de l'Abbaye

1889

AVERTISSEMENT

Dans le domaine de la Science, qu'il s'agisse d'Histoire des peuples, d'Histoire naturelle, de Mécanique ou de Chimie, toute découverte réelle est le fait d'un homme de valeur.

Le hasard, sans doute, est parfois un auxiliaire précieux ; mais, quand il se produit, il ne fait que venir en aide à la volonté du chercheur ; le génie scientifique l'utilise, mais ne l'attend pas, et le hasard ne vaut qu'autant qu'il favorise des hommes puissants, des intelligences d'élite, de laborieux travailleurs comme les Palissy, les Lavoisier, les Edison, qui font la fierté d'un peuple.

C'est assurément dans la catégorie des fouilleurs infatigables qu'on doit ranger l'auteur de la reconstitution historique que nous publions aujourd'hui, qualité rehaussée encore par le jugement, la puissance d'analyse, le sentiment de l'indépendance absolument nécessaire à l'écrivain de bonne foi qui ont été de très bonne heure développés en lui par les fortes études auxquelles il s'est livré dès l'enfance, spontanément, puisant à toutes les sources par ardent amour de l'Histoire et de la Vérité.

A peine âgé de vingt-quatre ans, il préparait déjà depuis plusieurs années l'œuvre dont il songe à faire le monument de sa vie. Le titre définitif devait être et sera l'*Humanité affranchie*, titre sous lequel l'auteur se propose de représenter le vaste ensemble de l'Histoire des Mondes et de l'Homme.

Mais il était fonctionnaire de l'Université et professait l'histoire à un moment où il était défendu, paraît-il, d'être professeur d'histoire et de songer à être un historien. Mis en demeure de renoncer à son gagne-pain ou à l'élaboration de son œuvre, Ernest Lesigne n'hésita point, et en conséquence le Ministre de l'Instruction publique d'alors le mit sur le pavé.

Heureusement Littré connaissait les projets du jeune professeur et y applaudissait, et, le lendemain du jour où Lesigne cessait d'être professeur de l'Université, il devenait, sous le pseudonyme de Louis Narval, collaborateur de la *Philosophie positive*, Revue dirigée par l'éminent apôtre de la Philosophie et de la méthode historiques. Littré avait traduit la célèbre *Vie de Jésus*, de Strauss ; Lesigne traduisit, du même auteur, l'*Ancienne et la Nouvelle foi*, puis la *Vie de Voltaire*. Il a depuis lors travaillé à reconstituer et à écrire la *Vie de Jeanne d'Arc*, laquelle met fin à la légende qui avait défiguré l'histoire du commencement des temps modernes en France.

Avec l'appui constant de maîtres tels que Louis Blanc, Robin, Claude Bernard, Emile de Girardin, pour ne parler que des morts, Lesigne ramassait sa moisson de connaissances et de trouvailles qu'en attendant d'en faire un tout il disséminait dans la *Philosophie positive*, la *Réforme économique*, le *XIX° Siècle*, l'*Homme libre*, la *République des Lettres* où il retraçait le progrès des idées nouvelles, dans le *Bien public* sous forme de Lettres portant le titre de « Science et Philosophie mêlées », dans la *Science politique*, dans la *France* où il développait la conception hardie de l'abolition des peines, dans maints autres organes et enfin dans le *Radical* où il **a** esquissés en ses « Lettres socialistes », un socialisme scientifiquement établi sur la sociologie.

Au milieu de toutes ces recherches il y avait un problème qui l'avait frappé comme psychologue et comme sociologue. Quelle avait été la mentalité, quel avait été le rôle réel de cette Jeanne Darc qui absorbait à un si étrange degré la France de notre dix-neuvième siècle? Comment s'était réellement accomplie la transformation politique et sociale qui a marqué le quinzième siècle ?

Pendant plus de dix années Lesigne ne cessa de se préoccuper de cette restauration de l'histoire du quinzième siècle. D'une part, il lui fallait connaître à fond l'évolution de la société française à la fin du moyen âge et, d'autre part, il se livrait sur la Mentalité à un grand travail qui devait fatalement le conduire un jour à puiser des éléments d'information et de comparaison dans le procès de la jeune et valeureuse voyante de Domrémy.

Dans cette double condition, le hasard, puis le travail ont mis l'auteur à même de constater, de se convaincre que le rôle réel de Jeanne Darc dans l'histoire ne correspond nullement à ce que l'ignorance et l'imagination sont peu à peu arrivées à ériger en une sorte d'acte de foi. Tant d'années de travail opiniâtre, de recherches soutenues et d'investigations venant mutuellement se contrôler, lui ont permis d'apporter enfin au Public des affirmations que nul ne pourra contredire et qui ne seront pas sans causer une émotion des plus considérables.

Bientôt nous donnerons un volume de Pièces et Documents établissant l'histoire de la formation de cette grande légende, l'histoire de toutes les œuvres qui ont été écrites sur Jeanne Darc, et en même temps la justification pour ainsi dire ligne à ligne du contenu du présent volume.

Aujourd'hui, c'est *l'histoire vraie de Jeanne Darc* que nous publions, après l'avoir examinée et accueillie nous-même comme il nous a paru qu'elle devait l'être par tous les hommes de bonne foi, qui recherchent sérieusement la vérité, et en considérant qu'il était patriotique à l'auteur autant que hardi, de montrer ainsi, les faits en mains, que la France a su devenir — comme nous avons tous la conviction qu'elle saura rester — forte, virile, puissante, grande, non pas grâce à des accidents quelconques, mais grâce au cœur bien français, au labeur incessant et au bon sens de la généralité de ses enfants.

CHARLES BAYLE.

PRÉFACE

— *Pourquoi détruire cette légende?*

— *Parce que la vérité lui est mille fois supérieure; parce qu'il est faux que la France ait dû attendre d'une Pucelle son salut; parce qu'il est faux que Jeanne Darc ait sauvé la France; parce qu'il est inique de dépouiller tout un peuple de sa gloire, chèrement acquise, pour en revêtir une seule personnalité, fût-ce une femme, fût-ce une vierge.*

Fort peu probable est-il que les contes de la Mère l'Oie soient utiles à bercer enfants et peuples en jeune âge; ils sont assurément funestes aux adultes, hommes et nations.

Tous les peuples primitifs ont été nourris de ces légendes du surnaturalisme; tous, ayant bien peiné, combattu, vaincu, ont abdiqué en faveur de dieux, demi-dieux, devins, héros, prophètes, sibylles.

Ce n'étaient plus eux, les vaillants, qui s'étaient délivrés de l'ennemi, qui l'avaient repoussé; c'étaient des Thésée, des Hercule, des Gédéon, des Samson, des Roland, c'étaient des êtres hors nature, des asexués, des androgynes, des amazones sans mamelles, des vierges écrasant l'ennemi, des voyantes, des Judith, des Minerve, des Bellone, des Débora, des Velléda, des Jeanne Darc!

1.

Toute la splendeur de Babylone, qui avait coûté des siècles d'efforts, devenait l'œuvre d'une Sémiramis qui en avait joui durant quelques années !

Ainsi, croire en des messies, les attendre, s'en remettre à eux du soin de son salut, c'est pour un peuple dégradation, avachissement ; c'est vouloir être dispersés, comme le Juif, à tous les vents de l'horizon.

La France n'a jamais eu besoin de messies. Jeanne Darc fut une honnête fille, elle ne fut pas le messie de la France. Robuste paysanne hallucinée, engagée au service du roi comme porteuse de bannière, elle déploya dans ces fonctions toute la fougue de son nervosisme, toute sa passion guerrière, toute sa ferveur superstitieuse. Elle fut toujours courageuse, souvent imprudente dans son ignorance ; mais ni son courage, ni son dévouement réels, ni ses imprudences, ne purent jamais décider de la victoire ou compromettre le succès ; car le Grand Conseil du roi ne lui accorda jamais d'autre rôle que celui pour lequel on l'avait fait venir. On l'utilisa, mais on ne lui confia ni les destinées du pays, ni celles des combats ; on lui donna une bannière, non un commandement ; quand elle fut en retard pour la bataille, on ne l'attendit point ; quand elle devança l'heure, on ne la suivit point ; elle fut dans l'armée une unité hors rang, et l'armée donna la victoire, que Jeanne fût absente ou qu'elle fût présente. On écouta ses récits de voyante, on causa de ses visions ; mais, pour triompher de l'ennemi, on rassembla beaucoup d'argent, beaucoup de troupes, on forma d'irrésistibles capitaines, on fondit d'énormes canons, on déploya toutes les ressources de la diplomatie, toutes les forces vives du pays, on fomenta toutes les haines du paysan, du marchand, du bourgeois, de l'artisan, ruinés par les Anglais déprédateurs, par les féodaux qui n'étaient plus que des bandits.

Les nouvelles couches militaires et sociales eurent au service de leurs haines la poudre.

La poudre eut raison des archers anglais, des armures seigneuriales, des murailles des châteaux-forts; mais il y fallut plus de trente années de lutte énergique, incessante, de tactique astucieuse, de sièges meurtriers, de politique réfléchie.

Jeanne Darc n'eut de part qu'aux combats, et, au total, durant quelques jours.

⊣ La Légende est le voile, la nuit, la cangue, le mensonge de l'Histoire.

La légende de Jeanne Darc dit à la foule des combattants : Vous étiez donc des impuissants qu'il vous ait fallu vous en remettre à une jeune fille du soin de battre les Anglais ?

Elle dit aux Orléanais : Vous teniez donc bien peu à votre ville, à vos libertés, puisque vous eussiez ouvert vos portes à vos ennemis si, pour les mettre en fuite, une jeune fille n'était venue à votre secours ?

A l'audacieuse phalange de ces rudes et rusés capitaines, nés à la bataille après 1415 et devenus la terreur des Anglais par tant de hardis coups de main, elle dit : Vous étiez donc des pusillanimes, des incapables, puisqu'il devait suffire qu'une frêle et ignorante jeune fille tînt tête l'envahisseur pour qu'il s'évanouît tout d'un coup ?

Jeanne Darc, la brave Barroise, n'est pas solidaire de sa

légende ; quant à cette légende même, elle est un outrage :

Outrage au Pays, qui s'est soulevé tout entier ;

Outrage aux Orléanais, qui avaient armé leur ville de quatre-vingts canons et juré de vaincre ou de mourir ;

Outrage aux villes de toutes les provinces qui ont envoyé poudre, argent, milices ;

Outrage aux ingénieux ouvriers qui ont fondu des pièces colossales lançant des boulets de cent quatre-vingts livres ; aux plus ingénieux encore qui ont inventé la couleuvrine, ce premier fusil ;

Outrage aux invincibles comme Jehan de Lorraine qui avec ces couleuvrines ont abattu coup sur coup les plus redoutables Anglais ;

Outrage aux États-généraux et au Grand Conseil du roi, qui, avec tant d'intelligence, de perspicacité, de patience, de ténacité, ont concouru, pendant le second quart du xve siècle, à une des plus considérables révolutions qu'il soit donné d'enregistrer.

Mais toute légende passe, tout mensonge est démenti, toute cangue est rencontrée par le travailleur qui la détache et met à nu la resplendissante vérité ; toute nuit se dissipe et tout voile provisoirement jeté sur les siècles est brusquement enlevé, aux applaudissements unanimes des peuples, le jour inaugural du monument de l'Histoire.

L'Histoire, d'ailleurs, ne saurait être sévère aux superstitions d'une époque d'enfantine ignorance comme le moyen âge ; et, parce qu'ils sont restés également ignorants, elle sera indulgente aussi pour ceux qui colportent encore ces erreurs en notre temps de savoir, trompent les *générations sous prétexte de les instruire et énervent la Jeunesse, lui enseignant à douter d'elle-même, lui faisant croire que les relèvements des peuples sont à la merci d'individus providentiels, surnaturels, exceptionnels.*

La légende de Jeanne Darc, faite, comme toutes les autres, d'ignorance, a survécu à presque toutes les autres. Jésus même n'était plus fils de Dieu que Jeanne Darc restait envoyée de Dieu! La froide raison n'hésite pas à supprimer le fétiche masculin; la galanterie s'incline, devant l'apothéose d'une femme.

En rejetant le mythe Jésus, l'Humanité civilisée avait témoigné de toute sa définitive répugnance pour les sacrifices humains, pour l'odieuse théorie du rachat des hommes par le sang d'un homme : la France accepte encore d'avoir été rachetée par le sacrifice d'une femme! Ainsi, la tradition antique ne croyait à la puissance d'une cité que si la première pierre de sa muraille écrasait une victime, reposait sur un cadavre, avait pour ciment du sang.

La France peut, heureusement, répudier ces hideuses traditions en ce qui concerne sa naissance aux temps modernes. Elle n'a pas à sa base le cadavre de Jeanne Darc, — pour la simple raison que Jeanne Darc n'a pas été suppliciée.

Rouennais, relevez la tête, comme les Orléanais, comme tous ceux qui portent dans les veines la descendance française !

La Légende accusait les Orléanais d'avoir failli à leur devoir : l'Histoire les réhabilite.

La Légende accusait la France du xve siècle tout entière de décadence, d'avachissement : l'Histoire la réhabilite.

Vous, Rouennais, vous, les héros de 1419, la Légende vous accusait d'avoir supporté qu'on brûlât dans vos murs une femme, une vierge, une ennemie des Anglais, une prisonnière de guerre; — d'avoir pris part à son procès et d'avoir prononcé la condamnation ; — de vous être faits les servants du haut clergé de l'Université ; — d'avoir accepté le rôle de valets de la hideuse Inquisition; — d'avoir laissé élever le bûcher déshonorant, et d'avoir assisté au supplice de Jeanne Darc, sans émeute, sans révolte : L'histoire vous réhabilite!

Ainsi, se copiant les uns les autres, sans contrôle, acceptant de toute main des récits fantaisistes, fantastiques, de toute bouche des racontars, des rêveries, de faux témoignages, les chroniqueurs, les romanciers, les historiens trompés répètent et répandent l'erreur et la calomnie, qui pèsent alors durant des siècles sur de loyales populations. Puis il arrive que des curieux, sans idées préconçues, des chercheurs, sans thèse à soutenir, des fouilleurs de vieux comptes et vieux parchemins, des archivistes, des bibliothécaires ne laissent inexplorés ni un rayon ni un registre poussiéreux et mettent au jour avec les ans, qui un acte, qui une lettre, qui un chiffre, de sorte qu'à l'heure venue, où tout a été ainsi recueilli de tel ou tel coin, un historien se met à comparer, à totaliser tout ce monde de documents, sans se demander d'avance quel sera le total, quelle sera la conclusion.

Relevant de la seule méthode scientifique, traitant l'Histoire comme une science naturelle, l'évolution d'un peuple comme le développement d'une plante ou le cours d'un astre, n'ayant de souci que d'être vrai, ne se laissant dévier de sa recherche ni par des sympathies ni par des préventions, ne se préoccupant de rien attaquer ni défendre, s'élevant pendant tout le temps de cette recherche à la haute indifférence du physiologiste qu'il est, — puisque l'histoire est la physiologie des peuples, — cet historien, sa tâche accomplie, rentre enfin dans l'humanité — dont il s'était momentanément abstrait pour devenir pur observateur, — et il éprouve définitivement la joie de proclamer qu'en trouvant la vérité, il a aussi trouvé une France dont les Français doivent être fiers ; il a trouvé un peuple, debout, courageux, actif, s'arrachant tout seul au double joug des ennemis et des seigneurs, et n'ayant pas à se reprocher d'avoir laissé les ennemis et le clergé supplicier une femme.

ERNEST LESIGNE.

VIE DE JEANNE DARC

PREMIÈRE PARTIE

JEANNETTE ROMÉE

Un symptôme pathologique.

En ce temps-là, les filles, aux pays lorrains, étaient connues d'après leur mère, et non d'après leur père comme aux pays de France.

De nom de famille il n'était point question pour les gens du commun ou de condition serve. Darc, par exemple, n'était qu'un surnom pour distinguer, des autres Jacques, le père de celle qui devait devenir la « Jeanne d'Arc » de la légende, mais qui, de son vivant, ne fut jamais ainsi dénommée.

Après son arrivée en France, elle fut dite Jeanne la Pucelle ; jusqu'à son départ de Lorraine, elle fut

Jeannette Romée, fille d'Isabellette Romée, laquelle portait ce surnom parce qu'elle, ou sa mère, avait accompli le laborieux et mystique pèlerinage de Rome.

L'esprit de déplacement et de dévotion préexistait dans l'ascendance maternelle de la Jeanne Darc historique.

Bien que les documents permettent de suivre celle-ci jusqu'après son mariage, et bien que ce mariage n'ait pas été stérile, il paraît cependant qu'elle ne parvint que fort tardivement à son entier développement de femme. Le laborieux chercheur et savant illustre, M. Quicherat, traçant son portrait du temps qu'elle prenait part aux guerres contre les Anglo-Bourguignons, a marqué, par un charmant euphémisme, que c'était « une pauvre jeune fille encore enfant par plus d'un côté ».

D'Aulon a enregistré ce symptôme en un témoignage qui n'a été ni gâté ni dénaturé par aucune traduction latine. D'Aulon, qui, chevalier, devint ultérieurement conseiller du roi et sénéchal de Beaucaire, avait été de la compagnie de Jeanne, durant plusieurs mois, en qualité d'écuyer, avec charge de lui donner ses soins. Dans les camps, il avait dormi près d'elle, et, comme la chose était advenue dans la maison de Jacques Boucher, à Orléans, il lui était arrivé, selon les mœurs du temps, de coucher dans un lit et elle dans l'autre, en la même chambre. Ainsi renseigné, il nous apprend que Jeanne était belle et bien formée, ce qu'il savait d'autant mieux que « par plusieurs foiz, tant en aidant à icelle armer, que aultrement, il lui avait veu les tetins, et aucunes foiz les jambes toutes nues, en la faisant appareiller de ses plaies », témoignage confirmé par le duc d'Alençon, qui a dit : « Quelquefois, j'ai couché avec elle à la paillade, à côté d'autres hommes d'armes ; j'ai pu la voir quand elle mettait son armure, et il m'arrivait d'apercevoir sa poitrine, qui était belle. »

Or d'Aulon ajoute à son témoignage qu'il a « oy dire à plusieurs femmes qui ladicte pucelle ont veue par plusieurs foiz nue, et sceus de ses secretz, que oncques n'avait eu la secrecte maladie des femmes, et que jamais nul n'en put riens cognoistre ou appercevoir par ses habillements ne aultrement. »

Première hallucination.

Quoi qu'il en soit de l'importance de ce caractéristique symptôme, ce fut bien à l'époque où devait et ne pouvait commencer cette fonction nouvelle que Jeannette Romée eut sa crise première.

Elle avait treize ans, l'âge où éclôt la femme, et aussi celui des malaises vagues, des joies sans causes, des pleurs sans chagrins, l'âge où les filles sont sujettes aux névroses.

Jeannette, depuis quelque temps, était toute changée. Elle avait des éclats de rire et des tristesses sans fin, de longues contemplations que terminaient des larmes, de folles courses et aussi des heures entières d'immobilité.

Ce jour-là, veille de quelque fête, l'enfant était à jeun, en fervente catholique. Elle avait couru avec les petites camarades ; et dans ces jeux Jeannette, nerveuse, prenait tant d'avance sur ses amies que celles-ci croyaient la voir « voler et comme hors de sens ».

Fatiguée, elle s'était retirée dans le jardin de son père.

La chaleur était forte, la congestion facile. Tout à coup, elle éprouva la subite sensation d'une brusque, vive et vaste clarté, et d'autre part elle ouït comme une manière d'étourdissante voix.

La jeune fille fut toute épouvantée, comme elle l'a déclaré. Mais bientôt la crise cessa. Plus de lumière, plus de bruit, rien qu'une douloureuse tristesse, une profonde dépression.

Les cerveaux humains sont ainsi constitués que, par suite de certains troubles organiques, les yeux peuvent voir sans qu'il y ait une lumière les frappant, les oreilles entendre sans qu'il y ait émission d'une voix.

Ce mensonge des sens, la science l'a nommé hallucination ; hallucination, rêve sans sommeil, cauchemar dans la veille, chose qui se meut devant vous et qui cependant ne vit pas, dont vous touchez le corps et qui n'est pas même une ombre, avec qui vous conversez et qui n'a pas de parole, qui porte couronne, ainsi que dans les visions de Jeannette, et qui cependant n'a pas de tête ; chose qui vous apparaît horrible, comme dans l'alcoolisme, ou gracieuse, comme dans certaines hystéries ; chose qui vous menace, qui vous flatte, qui vous poursuit, qui vous séduit, qui vous étreint, qui vous effraye, qui vous entraîne ; chose à laquelle vous croyez et à quoi l'on ne peut vous dissuader de croire, puisque vous la touchez, vous la voyez, vous la flairez, vous l'entendez, vous l'embrassez, vous la suivez, vous la fuyez, vous luttez contre elle, vous en jouissez ; — chose qui cependant n'est point.

En notre siècle instruit, l'halluciné est seul à ne pas se rendre compte qu'il est la victime inconsciente d'un fonctionnement anormal de sa masse cérébrale ; lui seul croit à l'existence externe des êtres dont son imagination déséquilibrée enfante l'apparence, et lui seul se conduit, à l'égard de ces simulacres de son rêve, comme s'ils étaient de réels personnages, vivants et agissants.

Au siècle de superstitieuse ignorance où passa Jeanne Darc, tout le monde, le visionnaire compris, croyait à la présence, à l'action réelles de ces personnages ; et malheur à quiconque en aurait douté !

Ces productions fantasmagoriques, l'Eglise les baptisait esprits, et le clergé faisait une de ses plus graves occupations de les cataloguer mauvais ou bons, envoyés du diable ou messagers de Dieu ; le drame intime d'une conscience erronée grandissait en drame social ; d'un trouble mental, l'ignorance faisait un événement politique et religieux.

Si l'appréciation du fait hallucination est devenue scientifique, de superstitieuse qu'elle était, le développement du trouble est resté ce qu'il était alors, et tel nous l'observons dans la pratique médicale, tel il s'est produit en la mentalité de Jeannette Romée.

Le rêve hallucinatoire.

Le début est vague : une clarté, un son, comme un coup aux yeux et aux oreilles ; de l'étourdissement, de l'effroi, de la fatigue ; puis, à intervalles qui peu à peu deviennent courts, un recommencement, puis un autre. et ainsi pendant longtemps : la névrose est chronique, Jeannette, au bout de quelques années, en eut chaque jour jusqu'à trois ou quatre manifestations.

Petit à petit la nébulosité lumineuse se comporte comme dans le cas des nuages que les enfants fixent longtemps, et qui alors revêtent les apparences de montagnes, de personnes ou d'animaux ; le bruit également se systématise ; l'effort même de l'intelligence pour en trouver la signification aboutit à en créer une. L'hallucination qui, dans le principe, n'est qu'un simple ébranlement anormal du système nerveux, du système des sens, se complique, répétée, d'illusions absolument analogues à celles du rêve.

Que dans le sommeil, nous prenions, par exemple, une fausse position du cou, et nous nous imaginerons qu'un ennemi nous étrangle ; sur une sensation vraie, nos souvenirs nous entraînent à constituer une fable, et notre état de sommeil ne nous laisse pas assez de liberté d'action pour rectifier notre traduction.

L'état nerveux anormal de l'halluciné pendant sa crise ne lui laisse pas non plus la liberté de rectifier son affabulation, et alors il rêve sans dormir, et, puisqu'il est actif, il agit suivant son rêve.

De quoi Jeannette allait-elle rêver ? La clarté, le son hallucinatoires étant la matière, et les impressions antérieures donnant irrésistiblement la forme, cette forme allait donc être puisée dans l'éducation, dans la mentalité créée par le milieu où se développait l'enfant.

Chez un criminel, l'hallucination prend l'apparence de sa victime ou du gendarme ; pour les musiciens, religieux comme Haydn, elle devient le chœur des anges chantant d'enivrantes symphonies ; pour une naïve, pieuse, contemplative et superstitieuse enfant de treize ans, elle devait refléter les contes chrétiens dont on l'avait bercée.

Jeannette ne savait « *ne a ne b* » comme elle a dit plus tard ; mais elle pouvait réciter sans trop tâtonner son Pater, son Ave, peut-être le Credo, et son cerveau de névrosée inquiète était saturé par les légendes prodigieuses dont les populations du Nord-Est ont toujours été si friandes ; par les récits de pèlerinages à Rome, à Jérusalem ; par les hauts faits des héros chrétiens, saints, vierges et saintes, anges et archanges, qui du haut de leur séjour paradisiaque, étant commis à la protection des bons chrétiens, pouvaient être envoyés par le sire Dieu pour réconforter les petites filles bien pieuses, et leur faire d'utiles recommandations.

Hallucinations religieuses.

Jeannette, ignorante, innocente, simple, sans instincts sexuels, sans vices, ne pouvait donner à ses hallucinations, au temps de leur début, c'est-à-dire en 1423, qu'une réminiscence religieuse ; et la conception religieuse du moyen âge, surtout dans les campagnes reculées, ne dépassait guère l'idolâtrie antique. Ces natures en enfance intellectuelle tenaient les naïves enluminures de leur saints, saintes, anges gardiens et patrons, tracées sur les murs et vitraux des églises, pour les véridiques portraits de ces hôtes du paradis chrétien.

Bientôt, Jeannette ne fut plus effrayée par ce quelque chose de nouveau qui s'était manifesté en elle et qu'elle ressentait de plus en plus souvent.

La clarté avait pris corps et la voix se résolvait en paroles. Paroles naïves, simple écho de la pensée ordinaire de la simple enfant, souvenir des recommandations de la mère ou du curé, paroles se bornant, pendant des années, à ces mots : « Sois bonne, gouverne-toi bien, fréquente l'église ».

Quant à ce qui prononçait ces paroles, et qui avait pris

corps dans la clarté, c'était pendant les extases ordinaires, les crises régulières, deux nobles dames « couronnées de belles couronnes, moult richement et moult précieusement », lesquelles faisaient de grands et honnêtes saluts. Jeannette en arriva à s'imaginer non seulement les ouïr, les voir, leur tendre les bras, mais les accoler même et se délecter de leurs parfums ; « et il est bon de savoir qu'elles fleuraient bon ». La pauvrette était toute heureuse, toute ravie, et quand les figures s'évanouissaient, elle baisait, en faisant force révérences, la place où elles avaient reposé. Et puis souvent pleurait. C'était la détente.

Ces nobles dames, vous les avez reconnues comme étant les deux patronnes de la paroisse, peintes dans les églises, sainte Catherine, Aïcatharina, sans tache et sans corruption, et sainte Marguerite dite aussi sainte Jeanne, qui avait vaincu le démon apparu à elle sous la forme d'un dragon ; qui avait fui de la maison vêtue d'habits d'homme, qui, à dix-huit ans, avait confondu des docteurs par ses réponses et qui avait fait vœu de virginité ; qui était la patronne de Jeannette Romée, que celle-ci s'était attachée à reproduire, et que la légende a souvent fait poser pour en tirer le portrait de Jeanne la Pucelle.

Sainte Catherine, d'autre part, était la patronne et la gardienne de toutes les filles qui, aujourd'hui encore, célèbrent sa fête.

Mais il y avait plus grand que ces bonnes saintes, et qui avait aussi vaincu le dragon. Il était le suprême chef des armées célestes, et on le représentait comme dans un nuage, la tête seule apparaissant dans une auréole, avec de vastes ailes et entouré de légions d'anges. Jeannette le vit à ses premières grandes crises, alors que les manifestations nerveuses ne s'étaient pas encore synthétisées, et ce sera cette image de saint Michel, qui dé loin en loin, aux heures des graves circonstances et des rudes émotions, envahira le cerveau de la voyante; ce sera lui le porteur de la grande et bien noble voix avec laquelle Jeannette ne conversera jamais familièrement voix, qui sera la puissante et irrésistible dominatrice, quoi qu'il lui plaise d'ordonner.

Devant les prêtres de Rouen, qui la jugeaient, de concert avec les universitaires de Paris, Jeanne fit, le 27 février 1431, cette déclaration : « Il y a bien sept ans que sainte Catherine et sainte Marguerite m'ont prise sous leur garde ».

L'hallucination initiale se trouve ainsi reportée à l'été de 1423, et Jeannette, ayant alors treize ans accomplis, serait par conséquent née au commencement de l'année 1410, peut-être en 1409.

Tous les écrivains de notre époque, où l'on a tellement écrit sur Jeanne Darc qu'on en a négligé de bien lire les documents, tous nos contemporains l'ont fait naître en quatorze cent douze.

Quand on prend du merveilleux, on n'en saurait trop prendre. On se procure ainsi une guerrière de jeunesse tendre, dix-sept ans à peine, suavement poétique, d'une gracilité toute enfantine, faible de chairs et de bras, mais pourtant amazone redoutable, indomptable, victorieuse comme un héros de l'Olympe classique, et à qui, simple et ignorante bergerette des champs, il suffit de paraître pour anéantir l'Anglais et faire d'un roi de Bourges le premier des vrais rois de France, c'est-à-dire pour accomplir une des plus grandes révolutions que le monde ait connues; car au temps de Charles VII, non seulement la France fut définitivement groupée, mais la vieille féodalité fut détruite et le moyen âge fit place à un monde nouveau.

Franchement, c'est trop de besogne pour une fillette de dix-sept ans, ne sachant « ne *a* ne *b* », fût-elle même hallucinée.

En réalité Jeannette avait près de vingt ans quand on l'amena de son pays vers le roi, à Chinon, alors que s'organisait la levée du siège d'Orléans. D'autre part, le rôle qu'elle eut à remplir l'eût également bien été, n'eût-elle été vraiment âgée que de dix-sept ans, car ce n'est pas à elle que doivent être attribués ni la défaite des Anglais, ni le triomphe de la royauté, ni l'avènement des temps modernes. Le vieux monde s'est écroulé sous un engin plus décisif que « l'estendart » d'une voyante.

Mais tout au moins, les écrivains et artistes devraient-ils accorder à Jeanne les muscles suffisants pour résister aux très rudes exercices qu'il lui fallut supporter pendant la fatigante campagne de marches et de combats, qui commença à Blois pour se terminer sous les murs de Compiègne. Ils pourraient songer également que le frère cadet de Jeanne, Pierre, ne l'a pas quittée durant toute cette campagne, puisqu'il était à Orléans et fut pris finalement avec elle. Or, à cet homme d'armes, il serait bien difficile de n'attribuer que de quinze à seize ans.

Jeannette, fille de paysan, était en 1429 une robuste paysanne, faite aux ouvrages d'homme. C'est que le père Darc n'était « guère riche » comme il en a été témoigné. Dans les jours de pluie ou de froid, Jeannette cousait ou filait à la maison, et elle rappela, pendant son procès, qu'en ces travaux elle ne craignait fille ou femme de Rouen. Mais aux heures des occupations agricoles, elle s'en allait, avec son père, labourant, piochant, menant la charrue, coupant et rentrant seigles et foins, conduisant les chevaux qu'elle montait à poil et savait manier, comme c'était d'usage, en ce temps où les femmes faisaient, aussi bien que les hommes, tantôt seules, tantôt en croupe, jusqu'à des centaines de lieues. Telle la mère Romée se rendant en pèlerinage à Rome, telle la mère de Jeanne, lorsqu'à la suite du départ de sa fille et quelques semaines seulement après, on la voit s'en aller aux environs mêmes de Chinon.

Jeannette étant musculairement apte aux labeurs de la guerre, pourquoi et comment devint-elle guerrière?

Elle y fut incitée.

Elle y fut excitée.

Hallucinations provoquées.

Elle y fut incitée par les violentes impressions qu'elle eut à subir entre les dates quatorze cent vingt-quatre et quatorze cent vingt-neuf. Le hameau de Domrémy, jusque-là calme et étranger aux guerres des Anglo-Bourguignons contre les Français, connut, ces années-là, les incursions, les menaces, le pillage des hommes d'armes. Il fallut fuir maintes fois en grande hâte et terreur, et chercher dans les forteresses d'alentour refuge pour les personnes et les biens.

Elle y fut excitée par la superstition des uns et par les encouragements et concours intéressés des autres. Durant ces années de durs labeurs et d'apeurantes agressions, le drame hallucinatoire, qui avait pour scène le cerveau de la jeune fille, poursuivait d'ailleurs sa succession d'actes de plus en plus absorbants et dominateurs.

L'enfant, du reste, le premier effroi passé, avait pris

plaisir à leur développement. La grâce exceptionnelle qu'elle trouvait en ces visites de ses soi-disant saintes, et les conseils de leur humble, douce et belle voix, et ces réconfortantes conversations, et les ravissantes émotions de ces rêves extatiques, la plongeaient dans d'indéfinissables enchantements.

Elle se complaisait passionnément en ces troubles de l'imagination, les appelait de ses vœux et les faisait même naître, par les moyens bien connus dans les traditions du moyen âge, et que les médecins sont à l'heure qu'il est en voie de retrouver.

On connaît aujourd'hui, à ce sujet, l'influence des cloches. Leur son se répercutait en la jeune fille et suggérait l'illusion de la voix des saintes. Jeannette se confondait alors en grandes révérences à la sonnerie des offices, de l'Ave Maria ou de l'Elévation, et parfois son être se fondait et elle versait des larmes. Passionnée pour ces scènes, elle grondait Perrin le sonneur quand il oubliait de mettre ses cloches en branle, et lui promettait de la laine et des gâteaux s'il voulait être plus exact.

On sait aussi, sur ces manifestations, l'effet des objets brillants fixés de près avec convergence des yeux, comme dans l'extase. Il arrive à des couturières de s'hypnotiser en faisant des boutonnières. Jeannette possédait un anneau qu'elle regardait longuement dans l'attitude du recueillement ; tel le procédé des fakirs et celui du grand musicien Haydn, qui, lui aussi, avait son anneau, cadeau du roi de Prusse. L'effet ne se faisait pas attendre ; les chœurs des anges chantaient aux oreilles du musicien, et les saintes faisaient entendre leur voix à la jeune paysanne de Domrémy.

Nul étonnement d'ailleurs de la part de ses camarades

ou de son curé. Ces agenouillements et contemplations étaient pratiques courantes de la dévotion; on trouvait Jeannette peut-être un peu trop pieuse et sérieuse, et ses stations un peu longues dans le jardin de son père, situé tout près de l'église, par conséquent voisin des images peintes et des cloches; mais si l'on souriait d'elle, on ne lui cherchait pas querelle autrement, et ce fut seulement après quelques années qu'on commença à soupçonner ce qui se passait en elle, à la tenir pour une contemplative et à la ranger dans la catégorie, si renommée, des voyantes. Comme la marraine de la jeune fille passait pour avoir vu les dames fées sous l'arbre voisin du village, qui gardait leur nom, qu'on ornait de guirlandes, sous lequel on allait nouer des alliances, se réjouir aux fêtes et danses, les frères de Jeannette, aussi superstitieux qu'elle était pieuse, disaient qu'elle avait pris « son fait » sous cet arbre des fées. De quoi elle se défendait vivement, affirmant que « son fait » était de Dieu.

Finalement elle déclara que Dieu lui commandait d'aller en France, secourir le dauphin et combattre les Anglais.

Hallucinations belliqueuses.

C'étaient des rêves bien autres qu'au début.

1423 : « Va à l'église » ; 1428 : « Va en France »; profond changement en elle dont la cause était le changement profond autour d'elle ; car cette façon de rêve, l'hallucination, ne crée rien pas plus que le rêve lui-même ; elle reflète, en le renforçant, l'amplifiant, l'adaptant au trouble mental, ce qui domine la pensée, reproduisant automatiquement, par action réflexe, les anciennes impressions du dedans, et les immédiates impressions qu'apporte le dehors.

L'hallucination belliqueuse se greffa donc en Jeannette sur l'hallucination mystique.

Tout enfant, elle avait ouï parler de guerre sans avoir la commotion de la guerre. C'était le danger lointain, redouté et resté incompris. Mais voici que la bataille de Cravant a eu lieu ; Cravant, région de l'Est, aux environs d'Auxerre ; il y a eu grand nombre de morts parmi les gens du dauphin ; les Anglais alliés aux Bourguignons ont été vainqueurs. Or Domrémy est ennemi des Bourguignons, étant d'un côté de la Meuse, tandis que l'autre rive est à la Bourgogne. Domrémy est au duc de Bar ; gare le Barrois, gare Domrémy !

Voici les bandes pillardes, assassines, qui passent la rivière. Alerte ! Ces bandes, ça vole, ça brûle, le roi d'Angleterre l'a dit : pas de bonne guerre sans feu ; — ça tue les hommes ; ça outrage les filles. Alerte ! Alerte ! vite ! les hardes, les chevaux, la charrette ! sauve qui peut ! au bois ! Ils sont trop, le bois sera pris. Dans le château d'Isle ! Ils sont trop, la place est trop faible. Vite, vite, à Neufchâteau !

Et les gémissements, et les plaintes, et les cris de terreur résonnent dans tout l'être de Jeannette. Quelles révolutions en cette nature qu'un murmure d'une cloche, un bruissement des bois suffit à halluciner !

Au retour, la demeure est saccagée, le champ dévasté ; on n'était pas riche, chaque incursion accroît la pauvreté ; la vie devient difficile, le labour est incertain et la récolte n'est plus sûre, juste au moment où le père Jacques Darc dispose de quatre solides paires de bras propres au travail, mais aussi, problème grave, doit remplir huit vastes estomacs.

Jeannette est l'aînée des filles ; mais elle a deux frères plus âgés qu'elle, Jacques et Jean. Après elle est Pierre. Jacques restera à la maison avec le père et les dernières filles ; Jean, Jeannette et Pierre partiront en France, au service du dauphin.

Le Barrois n'eut jamais à connaître les derniers désespoirs de la guerre, horrible comme elle se faisait alors ; mais il en connut les transes, les affolements et les colères ; et la permanente menace du danger est plus troublante que le danger lui-même.

Les langues apeurées, excitées, contaient de terribles choses autour de Jeannette ; au village, les bonnes femmes grossissaient encore la réalité poignante, et pendant les fugues à Neufchâteau, c'étaient les hommes d'armes eux-mêmes qui remplissaient de récits de guerre l'auberge de La Rousse, où la famille de Jeannette se réfugiait, et où celle-ci aidait l'hôtesse à servir la clientèle.

A Domrémy Jeannette prit la haine des ennemis de son parti ; à Neufchâteau elle prit l'amour des combats.

Son parti, ce fut naturellement celui de son village, et celui-ci, étant au duc de Bar, tenait le parti du duc de Bar, c'est-à-dire de René d'Anjou, propre beau-frère de Charles VII, qu'on appelait encore le dauphin parce qu'il n'avait pas subi la cérémonie du sacre, mais qui, dès le 10 novembre 1422, avait pris le titre de roi de France.

Yolande de Sicile.

Il convient d'insister :

En 1418 les conseillers de Charles VII avaient obtenu un de ces grands succès diplomatiques qui seront la gloire de ce règne et marqueront le triomphe définitif de la noblesse de robe sur la noblesse d'épée, le triomphe des marchands citadins sur les seigneurs pillards, dont les châteaux forts seront démolis.

En 1418 donc, les conseillers de Charles VII lui avaient fait conclure une alliance avec le puissant duché de Lorraine, jusque-là dévoué auxiliaire des Bourguignons. C'était contre ceux-ci une de ces victoires plus meurtrières que les batailles, et sous lesquelles il leur faudra finalement succomber.

Cette alliance politique était résultée d'un mariage.

Si le Barrois, pays non français et situé loin à l'Est, avait échappé à la guerre anglaise, sa situation aux confins de la Lorraine lui avait cependant fait la vie très dure. Ç'avait été entre les duchés une série de luttes, à tous deux dommageables. Le duc de Lorraine, possédant en 1418 une fille à marier, le duc de Bar, dignitaire de l'Eglise, n'avait point de fils, mais avait un neveu. Ce neveu était René d'Anjou, fils de Yolande de Sicile ; l'oncle lui donna en mariage le Barrois, le duc de Lorraine lui donna sa fille, en le reconnaissant pour futur successeur.

Bonne affaire pour la Lorraine et pour le Barrois ; bonne affaire encore pour Yolande, reine de Sicile, qui continuait son système d'alliances par mariages ; et bonne affaire aussi pour Charles VII, dauphin et futur roi de France.

Car Yolande de Sicile avait en effet déjà marié une de ses filles à Charles VII. C'était, cette Yolande, une de ces fortes têtes de femmes comme le moyen âge en a connu quelques-unes au gouvernement.

Très active, très intelligente, extrêmement soucieuse de ses intérêts propres, mais assez habile pour ne pas les séparer des intérêts de ses parents et alliés, cette femme domina tout le commencement du règne de Charles VII. Non pas qu'elle comprît le rôle appelé à être joué prochainement par la royauté, ni le but que poursuivait la bourgeoisie dans les sacrifices énormes déjà consentis en faveur de cette royauté. Yolande de Sicile restait une princesse féodale. Elle voulait voir son gendre le premier des seigneurs de France, vainqueur du duc de Bourgogne et de ce roi d'Angleterre qui prétendait à être aussi roi de France ; mais, reine de Sicile, duchesse d'Anjou, souveraine de Provence, elle n'aspirait pas à voir les autres seigneurs et elle-même simples sujets du roi de la France. De même que pour son époux Louis de Sicile, mari de la reine, elle était ambitieuse pour Charles, parce qu'il était et pour qu'il restât le gendre de la reine.

Mais cette ambition, peut-être un peu égoïste, fut rapidement féconde ; car Yolande était aussi habile à fournir au roi des concours de toute nature et de toutes parts, qu'elle l'avait été dans ses alliances personnelles, en procurant à elle-même et aux siens de fructueuses alliances.

Sans Yolande de Sicile Jeanne la Pucelle fût restée Jeannette Romée.

Les Anglais.

Donc, Jeannette grandissait dans une atmosphère de paniques et de combativité. Sans cesse elle entendait conter des luttes entre le parti de son duc et seigneur, beau-frère du roi, et ce parti bourguignon dont le pays prenait limite à la limite même du terroir de Domrémy. Et il fallait voir les rudes mêlées entre les gamins bourguignons de Marcey et les gamins de Domrémy ; et l'imagination enfantine de Jeannette fut bien souvent frappée du spectacle de ces luttes, d'où ses frères revinrent maintes fois le visage tout en sang.

Avec l'âge, le champ de la connaissance grandissait, Jeannette apprenait qu'au loin, dans le pays de France, il y avait non pas seulement ces ennemis bourguignons dont la peur faisait fuir à Neufchâteau ; mais des ennemis, des maudits sur lesquels il courait des bruits étonnants, c'étaient des godden, des Anglais qui venaient de l'autre côté de la mer sur des bateaux, et se répandaient dans les campagnes massacrant tout, détruisant tout. Pour les imaginations paysannes, ces Anglais étaient une espèce sauvage, des sortes de monstres à forme d'hommes, et bien certainement, sinon des suppôts des puissances infernales, au moins des ennemis de Dieu.

Du reste, sur ce point, nul doute pour Jeannette ; si Dieu eût été avec les Anglais, les saintes n'eussent pas parlé la langue française. L'Anglais était l'étranger, le barbare ; à l'égard des Anglais, Jeannette fut imprégnée, et ses hallucinations le répercutèrent, du sentiment d'horreur populaire dont firent si vaillamment preuve en leur défense les villes de Rouen, Melun, Orléans, pour ne citer que celles-là. L'aristocratie bourguignonne se servait de l'Anglais par nécessité, tout en espérant s'en débarrasser plus tard. Pour le peuple, l'aristocratie bourguignonne était l'adversaire ; mais l'Anglais était l'ennemi ; il fallait vaincre le Bourguignon ; mais il fallait chasser l'Anglais.

L'Anglais, l'ennemi lointain, s'approcha ; l'étranger menaça le pays de Jeannette. Le mal de guerre se faisait aigu pour le duché du beau-frère du roi. En 1427 le chef anglais qui devait mettre le siège devant Orléans, Salisbury, fut cinq mois aux confins du pays de Meuse, assiégeant et prenant l'avant poste de Beaumont.

Ces Anglais furent alors la préoccupation permanente ; l'idée de résistance, la volonté de les chasser, prit corps au milieu de ces régions menacées. Parmi ces populations frontières dont l'histoire est toute de batailles, on se transforme facilement en guerrier, et, chez les névrosés, l'idée de courir sus se manifeste bien plus vivement encore. À force d'avoir craint on veut faire peur ; c'est la réversion passionnelle ; tous les persécutés se font, au bout d'un temps, persécuteurs ; tous les poursuivis deviennent poursuivants.

L'immigration.

Et puis, dans ces siècles, la guerre était un moyen de vivre ; la victoire, c'était le butin ; l'occasion de la bataille, c'était l'aiguillon des appétits. Le gouvernement de Charles VII, disposant de subsides considérables

alloués par les villes et par les réunions d'Etats généraux, faisait appel au concours des bras de tous les pays.
De l'Espagne, de l'Aragonais, de la Lombardie, de
l'Ecosse, de la Bretagne et de toutes les provinces de
l'antique Gaule qui n'étaient pas encore françaises, on
allait en France ; aussi de la Lorraine et du Barrois.
« Allons en France ! » se disait-on ; et l'on partait, soit
par petites bandes, soit par grandes compagnies.

Quand les Ecossais, prévenus qu'il y avait quelque
chose à faire, se disaient : « Allons en France » ; c'était
par dizaines de mille qu'ils accouraient ensemble, et il
arriva également à l'horrible et fameux chef de bande
Villadrando de mettre plus de dix mille hommes, d'une
seule fois, à la solde de Charles VII.

Il est bon, en effet, de constater que celui qu'on a
appelé le roi de Bourges, par trait d'esprit, mais non par
vérité, ne manqua jamais d'armées ; le grand nombre de
ses partisans fut même un embarras pendant tout le
commencement du règne, et le danger vint, non pas de
n'avoir pas assez de défenseurs, mais d'en avoir trop. Ce
danger cessa devant le développement de l'artillerie,
qui imposa la volonté du Conseil du roi, aussi bien à
ses partisans qu'à ses adversaires et ennemis, qui mata
compagnies et féodalité pillardes, qui dicta la soumission aux grands seigneurs, le Bourguignon compris, et
qui chassa les Anglais.

Si, l'an 1427, Salisbury avait menacé le duché de Bar,
il y eut bien autre panique aux premiers mois de 1428.
Ce ne fut plus un avant-poste de Beaumont qui tomba,
ce fut Beaumont même, puis Mouzon qui durent se
rendre au terrible allié des Anglais, Jean de Luxembourg ;
et toute la vallée de la Meuse frémit ; car un autre péril
venait du Sud, d'où une expédition se dirigeait vers Vau-

couleurs, conduite par Antoine de Vergy, descendu de sa place forte de Langres.

Domrémy fut encore plusieurs fois visité par des bandes. D'où fuites et assez long séjour de Jeannette à Neufchâteau. Elle a dit elle-même y être restée quinze jours en une seule fois.

Jeannette était alors dans tout le développement de son corps et dans toute l'expansion de la force que manifeste la sève humaine à l'âge de dix-huit ans. Qu'elle fût entièrement femme ou qu'il lui manquât une fonction, la totale portion affective féminine de son être était absorbée par les phénomènes hallucinatoires, de plus en plus fréquents et précis ; et son activité était devenue toute masculine, avec les aptitudes de sa rude éducation ; et quand, plus tard, on lui en fit reproche, elle répondit : « Les œuvres de femme, il y a assez d'autres femmes pour les faire ».

Vœu de virginité.

Est-ce que sainte Marguerite avait fait œuvre de femme ? Elle avait combattu et tout d'abord promis de n'avoir d'autre époux que Jésus-Christ. A son exemple Jeannette, dès ses premières hallucinations, avait fait vœu de garder sa virginité, avec cependant cette restriction : « tant qu'il plairait à Dieu ». Sainte Marguerite en effet n'était pas restée fille et s'était mariée ; Jeannette ne pouvait promettre plus que son modèle et, en réalité, quand elle eut plus de 13 ans, quand elle songea à guerroyer, à aller en France elle tint à rester vierge pour rester libre d'agir et non par esprit d'ascétisme. Elle ne considérait point la maternité comme une flétrissure, au contraire. Le capitaine de Vaucouleurs, qui surveilla en 1429 son départ, raconta maintes fois que Jeannette avait manifesté l'espoir de mettre au monde trois fils, dont le premier serait pape, le second empereur et le troisième roi. Ce Baudricourt, personnage grossier, puisqu'un instant avant de comprendre le parti qu'on pourrait tirer de Jeannette il avait pensé la livrer à la luxure de ses soldats, ce Baudricourt ajoutait même que, l'entendant ainsi parler, il lui aurait dit : « Je voudrais donc t'en faire un, puisque ce seront personnages d'aussi grande autorité ; j'en vaudrais beaucoup mieux ». A quoi Jeannette aurait répondu : « Gentil Robert, nenni, nenni, il n'est pas temps ; le Saint-Esprit y ouvrera ».

Dans son procès Jeanne niera avoir dit qu'elle dût avoir trois enfants et s'être jamais vantée de telle chose ; mais sans marquer nulle répulsion envers la maternité.

Quoi qu'il en soit, pendant l'année 1428, la question de mariage se posa, voire judiciairement. Un prétendant, qui prétendait aussi avoir été encouragé et avoir reçu une promesse formelle, fit à Jeannette un procès en règle devant l'officialité de Toul. Jeannette, qui songeait déjà à partir pour la France, alla à Toul à plusieurs reprises, se défendit, plaida et ne se maria pas. On ne sait pas au juste si ce fut parce qu'elle gagna son procès ou parce que celui-ci se termina faute du prétendant, qui dans l'intervalle serait mort.

En sa ferveur mystique, que Jeannette n'ait pas voulu de mari, le fait n'a rien de difficile à concevoir ; mais qu'une jeune paysanne, même solide, de dix-huit ans, songe à s'en aller vers un roi, lui parler, combattre pour lui, voilà qui semble, à distance, étrange, tellement que lesamoureux de légende et les gens à miracles s'en sont donné à cœur joie, tandis que les autres, les sérieux et les sincères, ne s'expliquant pas comment les pensées de Jeannette avaient dû aboutir à ce résultat, ont accepté celui-ci comme fait accompli, laissant le champ libre aux amateurs de merveilleux et aux exploiteurs de crédulité.

On a oublié que le cerveau de Jeannette travaillait voilà plus de quatre siècles et demi, et que les usages d'alors n'étaient pas du tout les usages d'aujourd'hui.

Astrologues et voyants.

De notre temps, dans des cas particulièrement difficiles, il arrive aux gouvernements de consulter les gens compétents, ayant beaucoup étudié et beaucoup appris, quitte d'ailleurs à ne pas tenir compte de leurs avis ; en ce temps-là, quand les grands et les rois voulaient savoir ce qui les attendait dans l'avenir, ils consultaient les prophétiseurs. Et ils foisonnaient, les dits prophétiseurs, formant deux catégories : ceux qui lisaient l'avenir dans les astres les astrologues ; ceux à qui les saints et les saintes prenaient la peine de venir conter cet avenir, de par Dieu. Ces derniers, ces visités, ces extatiques, ces hallucinés, on les appelait des contemplatifs, ou plus communément, des voyants.

Il y eut force consultations d'astrologues à la naissance de Louis XI, fils de Charles VII, laquelle eut lieu six ans avant l'arrivée de Jeannette à Chinon ; et quand le compétiteur de ce même Charles VII vint au monde, en 1421, on tira les horoscopes les plus variés aussi, et on prit des informations près des prophètes les plus divers.

Le cas était grave ; cet enfant, en vertu du fameux traité de Troyes, était marqué comme héritier de Charles VI, fou depuis vingt-six ans, roi de France ; comme héritier du grand capitaine Henri V, roi d'Angleterre, qui commençait à se débattre vainement contre une redoutable maladie d'intestins.

Maître Germain de Thibouville, souverain astrologue, prédit à lord Stuart que les deux rois laisseraient, très prochainement, leurs deux royaumes aux mains débiles du jeune Henri VI. Il convient d'ajouter que ledit astrologue était en outre docteur en médecine.

Cet Henri V d'ailleurs s'adressait également à tous les genres de prophètes. Pendant sa fameuse expédition militaire qui avait laissé un instant espérer aux Anglais que la France pourrait être à eux, il avait consulté Jean de Gand, ermite de Saint-Claude — les ermites prophétisaient souvent aussi, en raison des extases produites par le jeûne. — « Vous mourrez, avait répondu Jean, si vous persistez dans votre dessein. »

Ce Jean de Gand se disait formellement envoyé de Dieu par le ministère d'un saint. Henri V, tout à fait malade, le fit chercher de nouveau ; on le retrouva et on l'amena ; mais le moribond n'en put tirer que des paroles désespérantes.

C'était de tradition chez les rois de s'enquérir ainsi des dires de ces voyants, comme c'était chez ceux-ci de tradition de s'en aller vers les rois porter ce qu'avait forgé leur cerveau, dans leurs crises de visionnaires. Cette tradition s'est conservée bien après Charles VII, puisqu'un maréchal ferrant parvint jusqu'à Louis XIV, et qu'un nommé Martin, des environs de Chartres, fut reçu par Louis XVIII en 1816, tous deux en qualité d'envoyés de Dieu.

Prédécesseurs et émules de Jeanne Darc.

L'érudit Vallet de Viriville, un de ceux qui ont le plus retrouvé de documents sur Jeanne Darc, a pu écrire : « Pendant toute la période du moyen âge, une suite non interrompue de voyants se sont posés comme intermédiaires entre Dieu et l'humanité » ; et, dans Quicherat lui-même, l'homme qui n'a pas osé écrire l'histoire de la légende de Jeanne Darc, mais qui, par un travail énorme, digne d'un bénédictin, en a recueilli les éléments, on lit ceci : « Il est à noter que jamais il n'y eut tant de gens occupés à prédire qu'au moment où parut la Pucelle. En concurrence des faiseurs d'almanachs, hommes sérieux alors et les plus savants des universités, qui cherchaient l'avenir dans les conjonctions des astres, un nombre infini de visionnaires, surtout des femmes, se mêlaient de prophétiser. Nous voyons le pape Benoît XIII se servir à Avignon d'une femme de ce genre, dont, pour le dire en passant, les prédictions ne contribuèrent pas peu à faire accepter la Pucelle. En 1413, l'Université de Paris, pour démêler quelque chose à l'état si troublé du royaume, fit appel à la lucidité de tout ce qui avait le don de prophétie parmi les « personnes dévotes et menant vie contemplative ». Une inspirée de Bresse faisait l'étonnement de Gerson en 1424 ».

Charles V, lui, appela Guillemette de la Rochelle, qui était, dit Christine de Pisan, « moult femme solitaire et de grant contemplacion, tant que j'ay oy recorder à gens dignes de foy que en sa contemplacion on l'a aucune fois veu soulevée de terre en l'air, plus de deux piés ». Charles V, afin qu'elle lui consacrât beaucoup de prières, lui fit construire, en maintes églises, de magnifiques oratoires.

Charles VI, de passage à Tours, se fit présenter par Louis d'Orléans la dame Jeanne Marie de Maillé, qui avait fait vœu de virginité, qu'on avait mariée malgré cela, mais qui avait fait respecter son vœu par son mari. Elle dit au roi des secrets, comme c'était la coutume de ces voyantes, et ce « pauvre fol » de Charles VI en fut enchanté, car il la revit trois ans plus tard à Paris. Ils restèrent longtemps causant à part ensemble ; elle lui dit encore des secrets, et il lui fit de richissimes présents. Après quoi, elle alla voir la reine de Bavière. Cette voyante vécut jusqu'en 1415.

Charles VII eut affaire durant son règne à plus de voyantes encore. L'ordre chronologique paraît être celui-ci : Marie d'Avignon, Jeanne la Pucelle, Catherine de la Rochelle, les deux Bretonnes, le berger du Gévaudan et, beaucoup plus tard, la Pucelle du Mans, cette dernière fort peu intéressante d'ailleurs, tandis que les autres étaient d'une sincérité à toute épreuve, tellement qu'une des pucelles bretonnes passe pour avoir été brûlée par l'Université de Paris, sur la place du Parvis-Notre-Dame, ayant refusé de se rétracter.

A l'époque du sacre, pendant quelques mois, l'armée comprit dans son sein une petite escouade de ces femmes. Sous la conduite du maréchal de Rais et la direction ecclésiastique du moine Richard, se trouvèrent ainsi ensemble Jeanne la Pucelle, les deux Bretonnes et Catherine de la Rochelle.

L'Enchanteur Merlin.

La venue de Marie d'Avignon était antérieure de quelques années. Son rêve à elle était réminiscence de la prédiction de l'enchanteur Merlin, alors fameux et populaire, et c'est à cette prédiction aussi qu'on doit l'afflux de sauveurs féminins qui se manifesta pendant les convulsions du moyen âge expirant.

Personne ne savait ce que c'était que l'enchanteur Merlin ; sa prédiction n'en était que plus précieuse. Le contenu en était : « La Gaule perdue par une femme sera sauvée par une femme ».

Au fond ledit Merlin n'était qu'un être imaginaire et sa prophétie n'était qu'une variante du dogme chrétien lui-même, par conséquent profondément gravé dans les cerveaux ; de ce dogme du Monde perdu par Ève et sauvé par une femme, et, qui plus est, par une vierge.

Appliquée à la Gaule, la traduction du soi-disant Merlin était claire comme le jour : Qui avait perdu la Gaule en livrant la couronne de France à un Anglais ? Une femme, Isabeau de Bavière. Donc, une femme, une vierge devait sauver la Gaule.

Marie d'Avignon dit : ce ne sera pas moi ; elle se contentait d'être le saint Jean précurseur. Ce serait donc une autre. Catherine de la Rochelle était de bonne volonté ; mais pas vierge, cas d'infériorité. Merlin avait ajouté que cette vierge viendrait du bois chenu. Cela était un souvenir druidique. Au-dessus de Domrémy il y avait un bois de chênes et Jeannette Romée, voyante, et voyante extra-lucide, était en outre de vie irréprochable et vierge.

D'où son rôle; et dans l'évaluation de ce rôle les pseudo-historiens de Jeanne Darc, nourris, eux aussi, du dogme légendaire, estimant cette nourriture suffisante, ne se sont pas donné la peine de digérer les faits.

Fort heureusement, le gouvernement de Charles VII et les bourgeois d'Orléans se montrèrent, bien qu'au moyen âge, plus perspicaces que nos historiens; car s'ils ne refusèrent pas la conversation et le concours des voyants et des astrologues, ils ne manquèrent pas d'y joindre de solides murailles, de vaillants hommes d'armes, et surtout cet élément nouveau, la poudre, dont la grande voix et la fulgurante clarté furent autrement efficaces que la lumière et les voix bourdonnantes emplissant le cerveau de Jeanne la Pucelle.

Mais, pour peu qu'elle pût faire, la brave fille ne ménagea point ses forces, et si, pendant les quelques mois qu'elle traversa l'Histoire, elle ne fut que la mouche du coche de la France naissante faisant effort pour se désembourber du moyen âge, son agitation, pour n'être pas allée jusqu'au martyre, fut assez douloureuse pour qu'on ne lui dispute pas le rôle qu'elle a rempli réellement.

Les Frères Prêcheurs.

Sa volonté, on devrait écrire son besoin, de venir en France date du commencement de 1428, époque de son plus long séjour à Neufchâteau.

Des émissaires secrets parcouraient les pays frontières, surchauffant les imaginations, et parmi eux, les plus précieux étaient ces frères prêcheurs que le gouvernement de Charles VII a si ingénieusement su faire servir à son habile politique.

Ces frères prêcheurs formaient comme une sorte de chevalerie errante de moines mendiants, apôtres populaires, bons à une foule de besognes. « En temps de guerre, dit le savant auteur de l'*Histoire de Charles VII*, ils traversaient, grâce à l'immunité de leur robe, les frontières de tous les Etats, les postes militaires les plus belligérants; ils communiquaient en tout temps des plus petits aux plus grands dans tous les rangs de la société. »

Ce Jean de Gand, qui avait tenté, avec ses prophéties, de détourner de la guerre Charles V d'Angleterre était un de ces frères prêcheurs, originaire d'un couvent de Troyes. De Troyes également était sorti frère Didier qui prêcha la même cause de la paix jusque sur le territoire bourguignon; et de Troyes, toujours, était ce moine Richard qui, après le siège d'Orléans, aura dans sa compagnie Jeanne la Pucelle, Catherine de la Rochelle et les deux Bretonnes.

Ces Ordres vivaient en lutte permanente avec le haut Clergé, et notamment avec l'Université de Paris, laquelle était foncièrement bourguignonne, en sa qualité d'aristocratie ecclésiastique, alliée de l'aristocratie des seigneurs; cette étrange milice, ardente, passionnée, forte en bouche, à l'éloquence brutale, fournit de précieux auxiliaires au gouvernement de Charles VII, combattant et négociant. Il est vrai qu'en retour, plus superstitieux que religieux, plus idolâtres que chrétiens, plus thaumaturges que pieux, plus hommes du peuple que serviteurs de la royauté, ils ne laissaient pas de nuire parfois au bon ordre des campagnes savamment menées par le Grand Conseil du roi.

3.

Mais celui-ci, qui n'hésitait pas à se servir de chefs de bandes comme Villadrando et La Hire, quitte à leur faire plus tard la chasse, n'avait garde de négliger la force que lui apportait la moinerie populaire, toute chaotique et ignorante qu'elle fût.

L'agitation ainsi provoquée était entretenue en Picardie et en Artois, par le carme breton Thomas Connecte, et en plein Paris même par le moine Richard qui y courut des dangers et en fut chassé comme suspect d'être anti-bourguignon.

Un autre, frère Etienne Charlot, travailla longtemps les pays de Bourgogne jusque dans la région de Genève, et remplissait entre temps un rôle plus délicat, et qui fut très profitable à la paix avec la Bourgogne, celui d'intermédiaire entre Charles VII et la sœur naturelle de celui-ci, laquelle habitait le domaine bourguignon et servait chaudement les intérêts de son frère.

Vallet de Viriville fait remarquer que Jeanne la Pucelle, « dès le début de sa carrière politique, rencontra dans les villes, dans les camps et jusque sur les champs de bataille ces apôtres du peuple ». Il n'oublie pas non plus qu'en sa jeunesse elle s'était confessée à ces religieux mendiants.

Elle-même mentionne, dans son procès, qu'elle les a eus pour confesseurs à Neufchâteau. Ils ont donc dès lors connu le « fait » de Jeannette, ces commis voyageurs en légendes, miracles, visions et politique, et Jeannette connut également que les voyants allaient trouver les rois ; elle sut la prophétie de Merlin, elle sut que Marie d'Avignon avait annoncé la venue d'une Pucelle, et bientôt dans toutes ses crises retentit en elle : « va en France, va en France ! »

Cette suggestion, une fois entrée dans le cerveau de la

jeune fille, devait l'envahir. Tous les médecins au courant des dernières recherches scientifiques connaissent la puissance à la longue irrésistible de ces ordres donnés à la conscience normale des suggestibles par leur conscience hallucinée. Il y a lutte au début, mais la victoire reste à la suggestion, et l'acte sera d'autant plus certainement accompli que les circonstances, les dires, les manifestations de l'entourage seront encourageants.

Or, à Jeannette Romée, les encouragements ne manquèrent pas.

Le troisième larron.

Mais quoi faire en France?

Batailler; car toutes les pensées de tous étaient à la bataille; les passions soulevées étaient de courir sus aux Anglais qui saccageaient le pays, empêchaient le roi d'avoir son royaume; batailler en compagnie des deux frères Jean et Pierre qui brûlaient de risquer les chances de la guerre; batailler pour chasser les Anglais et aussi pour tirer de leurs mains le populaire duc d'Orléans que, depuis la journée d'Azincourt, en 1415, ils retenaient prisonnier.

Dans les visions de Jeannette il était question du duc d'Orléans presque autant que du roi, parce qu'il en était question perpétuellement dans les veillées, de ce prince troubadour, de ce poète dont les ballades couraient les campagnes; c'était ce charmeur, cette idole du peuple que les Anglais retenaient chez eux méchamment. Et d'autre part, n'était-il pas le plus haut personnage de la couronne, à qui même la couronne pouvait revenir?

Ici encore, en effet, le fait historique se confond avec l'intérêt des individualités. Si Charles VII était le fils, l'héritier naturel et immédiat du roi de France Charles VI, le duc d'Orléans en était, lui, le neveu et l'héritier présomptif ; il était partie intégrante de la royauté et de plus les cœurs étaient tournés vers lui, non seulement pour sa parenté, pour ses dons de poésie, pour sa longue captivité, mais parce que les imaginations étaient encore toutes remplies du sombre drame qui l'avait privé de son père, et de l'autre drame sombre par lequel ses amis avaient répondu.

Le roi Charles VI étant fou, ses proches s'étaient dit : quiconque aura le fou aura le royaume ; mais la lutte pour cette possession s'était circonscrite surtout entre le puissant cousin Jean Sans Peur, duc de Bourgogne, et le propre frère du roi, duc d'Orléans, qui pour accroître ses chances de domination s'était fait l'amant de la reine.

Le duc de Bourgogne coupa court aux dites chances en faisant assassiner son rival.

Isabeau et l'héritier de l'assassiné, la maîtresse et le fils crièrent vengeance, les seigneurs se divisèrent en deux factions et une guerre civile commença entre les deux partis pour durer en tueries, pillages, ruines de longues années et ne finir que par l'alliance accomplie, sous Charles VII, entre la bourgeoisie et la royauté, alliance qui mit d'accord les factions rivales en les annihilant toutes les deux. C'est ce parti d'Orléans qui reste connu dans l'histoire sous le nom d'Armagnac, parce que, à la suite de la défaite d'Azincourt et de la prise, par les Anglais, du jeune duc, encore captif au temps de Jeanne la Pucelle, la direction de la faction s'était trouvée aux mains du connétable comte d'Armagnac.

L'Anglais, en effet, qui ne joua jamais dans ce temps-

là en France que le rôle de troisième larron, avait profité
de la guerre civile pour débarquer et menacer les provinces voisines des possessions du parti d'Orléans. Devant la résistance des villes, le roi d'Angleterre s'était
mis en retraite avec son armée, fondue de moitié, comme
fondront toutes les armées anglaises qui débarqueront ;
mais par jactance les seigneurs du parti d'Orléans
avaient voulu livrer combat. Ils s'étaient fait surprendre
dans un terrain où les chevaux enfonçaient jusqu'au
poitrail, et avaient prouvé une fois de plus que le pays ne
devait plus compter sur la féodalité pour se défendre
contre les archers anglais. L'arme de jet supprimait la
chevalerie ; l'arme blanche était vaincue par l'arc anglais ; dans quelques années, la nouvelle arme de jet, le
boulet de canon, aura raison de l'arc anglais, aussi bien
que des armures et des hautes murailles seigneuriales.

Ce fut à la royauté qu'incomba le rôle d'utiliser la récente invention et de la faire servir à détruire ou soumettre, d'une part, les pillards étrangers, et, d'autre part, les
seigneurs, pillards aussi, et souvent devenus tellement
étrangers au peuple qu'ils ne craignaient pas de s'associer
contre lui avec les Anglais.

C'étaient, de quelque pays qu'ils fussent, gens de guerre
et de rapine qui tantôt se disputaient la proie, tantôt
s'entendaient entre eux pour la ravir et la partager ; c'é-
taient des industriels de guerre, également dommageables à tous ceux qui commençaient à chercher leurs
ressources dans le travail perfectionné, dans la manu-
facture, le négoce : aux gens de talent, de savoir, d'argent, aux laboureurs des campagnes, à la bourgeoisie
des cités.

Deux royautés.

Les seigneurs, qui ne savaient plus vaincre l'étranger ni par conséquent vivre de lui, en étaient réduits à prendre leur butin sur les nationaux, sur le monde du travail, tout comme faisait l'Anglais. Donc, sus à tous les déprédateurs, à l'Anglais, aux seigneurs féodaux ! Les bourgeois mirent aux mains d'un seul seigneur leur milice, leur poudre et leurs subsides, à condition qu'il se ferait le gendarme public contre tous les troubleurs de travail, contre tous les voleurs de produits.

Dès le règne de Charles VI, la bourgeoisie, déjà, par le ministère des Marmousets, avait offert son concours et avait un instant réussi même à l'imposer ; la folie du roi avait rejeté les choses dans l'état précédent ; mais l'occasion reparut rapidement pendant les déchirements entre la faction de Bourgogne et la faction d'Orléans.

Les deux partis avaient si bien tiré chacun de son côté pour s'emparer de la puissance royale, qu'ils l'avaient brisée en deux ; le parti de Bourgogne, pendant une heure de victoire, avait pris le roi fou, mais celui d'Orléans avait emporté dans sa fuite le dauphin, et chacun des deux disait : La royauté est avec moi. A Paris se trouvaient l'insane Charles VI, le duc bourguignon qui en son nom gouvernait tout le Nord-Est, et la reine Isabeau qui s'était réconciliée avec l'assassin de son amant, lequel, sous la domination de Jean Sans Peur, assumait la responsabilité de la régence.

Donc, de ce côté un semblant de légitimité.

Mais, d'autre part, le dauphin Charles étant aux pays

occupés par le parti d'Orléans, tenait le Sud-Ouest, et les gens qui l'entouraient disaient aussi : « La royauté est avec nous, car, le père étant incapable, c'est le fils qui est le régent ».

Deux puissances veillaient, l'une étrangère, honnie, l'autre nationale, constituant la nouvelle force vive du pays; l'une, le roi d'Angleterre, Henri V, l'autre la bourgeoisie française.

Voyant les deux factions si occupées entre elles, Henri V jugea qu'elles n'auraient pas de sitôt le temps de s'occuper de lui. On lui avait déjà laissé le loisir de s'emparer de Caen, il y joignit Falaise, Vire, maintes autres cités; Rouen même tomba sous ses coups après une défense héroïque, mais sans que les Anglais eussen vu poindre à l'horizon une seule troupe des deux partis français.

Ceux-ci cependant s'émurent enfin, le danger devenait commun ; si la région de Paris était menacée, celle de l'Anjou et alentours ne l'était pas moins; cela résultait des prétentions formulées par le roi anglais, en réponse aux propositions de paix à lui adressées par le duc de Bourgogne, Jean Sans Peur; les deux tronçons de la royauté songèrent à une réunion et les factions adverses, Jean Sans Peur et sa suite, d'une part, le jeune dauphin Charles et sa suite, de l'autre, se rencontrèrent au pont de Montereau, dans l'intention peut-être sincère de traiter.

Mais quand ces ennemis intimes se revirent face à face, toute la colère accumulée depuis des années bouillonna dans les cerveaux, l'entretien se fit dispute, l'entrevue devint lutte; les épées sortirent des fourreaux et Jean Sans Peur, pour avoir fait, en 1407, assassiner le duc d'Orléans, tomba au pont de Montereau, en 1419, assas-

siné par les gens du parti d'Orléans ; et ce fut au fils du
puissant duc bourguignon de crier vengeance à son tour.

Henri V d'Angleterre entendit, et il subsista deux
royautés en France, l'une résidant à Paris, et l'autre
quelque peu vagabonde, allant de château en château,
mais aussi de province en province, négociant, flattant,
traitant, reconstituant par le Sud le groupement français
que, dans l'aveuglement de la colère, le nouveau duc de
Bourgogne s'était laissé entraîner à compromettre

Avant l'entrevue de Montereau, le roi d'Angleterre
trouvant la maison royale en pleine guerre civile, avait
demandé toutes les provinces du Nord-Ouest jusques et y
compris l'Anjou, pour les joindre comme fiefs à son
royaume anglais, et, en outre, la main d'une fille du roi,
qu'il voulait faire ainsi reine anglaise et otage. Après le
meurtre de Jean Sans Peur il voulut toujours la fille ;
mais de plus avivant la passion du fils de l'assassiné, il
lui dit : Que l'assassin soit renié, déshérité, que jamais
Charles VII ne puisse succéder à Charles VI. Pour cela,
un seul moyen : Reconnaissons pour futur roi du
royaume de France l'enfant qui pourra naître de moi et
de la princesse française que je demande d'épouser.

Traité de Troyes.

Philippe de Bourgogne ne songea à cette heure qu'à
sa vengeance ; Isabeau, Bavaroise, songea au mal à elle
récemment fait par le parti possédant son fils, et,
d'autre part, au brillant mariage qui se présentait pour
sa fille. Le traité de Troyes fut signé et la couronne
promise à un enfant d'Anglais.

Dès lors, l'issue de la querelle ne pouvait plus être douteuse. Si la force des vieilles armes était provisoirement aux Anglo-Bourguignons, la force morale appartenait au parti de Charles VII, légitime au double titre de fils aîné du dernier roi et d'ennemi de l'étranger.

Et la faiblesse même du moment était pour Charles VII le gage de la victoire finale ; la bourgeoisie apporterait en effet sa force nouvelle, ses subsides, à celui qui en aurait besoin, qui les accepterait avec conditions et qui s'en servirait contre l'ennemi commun, l'Anglais, usurpateur, dévastateur.

Et puis, il y a des choses qui n'arrivent pas, pour cette unique raison que le développement historique ne les comporte pas, parce que la géographie s'y oppose. On n'accroche pas la vieille Gaule comme une épave à la remorque de l'Angleterre ! « A moi la France », c'est bientôt écrit au bas d'un parchemin, mais ensuite il faut la prendre. Les Anglais étaient fatalement condamnés à être expulsés ; le seul point contingent de l'affaire était qu'on y mettrait plus ou moins d'années, selon que le grand capitaine anglais, Henri V, vivrait plus ou moins longtemps.

Il mourut deux ans à peine après la signature du traité de Troyes, et, en 1422 également, Charles VI débarrassa la situation, faussée par ce cauchemar d'avoir à compter avec un roi fou durant trente interminables années, à cette époque où toutes choses, la guerre, le travail, la religion étaient en pleine révolution.

Celui qui, selon le traité de Troyes, devenait roi de France et d'Angleterre, et à qui incombait la lourde tâche de conquérir le royaume de France et de conserver la couronne d'Angleterre naguère usurpée par sa famille était un enfant de dix mois, marqué pour la folie par son grand-père, Charles VI, et affligé d'oncles Anglais qui allaient déchaîner la guerre civile en Angleterre, comme les oncles de Charles VI avaient jadis déchaîné la guerre civile en France.

Par ces deux morts coïncidentes, les conditions de la lutte furent brusquement renversées. Henri VI, le nouveau roi impopulaire imposé par l'étranger, se trouva être un marmot en proie à toutes les haines nationales, aux ambitions rivales de ses oncles, et aux ambitions inassouvies du duc de Bourgogne, qui bientôt entrera en guerre ouverte contre les dits oncles. Charles VII, au contraire, proclamé à Chinon roi légitime, atteignait à sa majorité, allait devenir d'année en année un des plus habiles politiques que la France ait possédés ; et les affaires, en attendant, étaient régies par un Grand Conseil qui le poussait à plein élan dans les voies de l'avenir ; car l'influence prépondérante y appartenait aux guerriers de la nouvelle école, aux organisateurs de l'artillerie, qui ne faisaient plus fi de la ribaudaille d'archers ou d'arbalétriers, — aux gens de petit état, en passe de supplanter la vieille noblesse désorganisée, — aux parlements, assemblées provinciales ou générales, qui déliaient les cordons de la bourse populaire, à condition qu'on débarrassât la population des tyrans féodaux, et de l'étranger, plus onéreux encore, contre lequel la bourgeoisie payait non seulement de son argent, mais aussi de son héroïsme, ainsi qu'il arriva aux sièges de Rouen, de Meaux, de Melun, d'Orléans. Si Charles VII était pour longtemps encore prisonnier de son parti, ce parti n'était plus la faction jadis formée pour la guerre civile. Le comte d'Armagnac ayant été massacré, le duc d'Orléans, prisonnier, ayant le tort des absents, la faction accrue de tout l'apport des populations avait grandi de jour en jour jusqu'à être enfin le parti français contre l'envahisseur étranger.

Les Anglais isolés.

Du premier moment que les Anglais seraient abandonnés, si peu que ce fût, par le duc bourguignon, ils n'auraient plus qu'à regarder les provinces françaises comme perdues pour eux.

Cet abandon devait se produire pour la première fois en face des murs d'Orléans après un siège de plus de six mois par des troupes anglaises et bourguignonnes réunies. Les deux alliés devaient se disputer la proie, avant de l'avoir prise, et le duc de Bourgogne retirer ses soldats le 17 avril 1429.

Quinze jours après, la grande armée de secours organisée par le gouvernement de Charles VII devait être dans la ville, ayant avec elle Jeanne la Pucelle.

Le 8 mai, les Anglais se mettraient en retraite.

Six ans plus tard, en 1435 le duc de Bourgogne délaisserait totalement le roi étranger et signerait avec Charles VII le Traité d'Arras. Comme conséquence, les Anglais évacueraient Paris. En 1444, ils en seraient réduits à demander une trève. En 1449, Charles leur enlèverait Rouen avec bientôt toute la Normandie. En 1453 la dernière grande ville qu'ils eussent conservée, leur serait arrachée. Un petit coin mis à part, il n'y aurait plus d'Anglais en France. Entre temps l'aristocratie aurait été domptée. La monarchie française fondée : le moyen âge fini.

Ce furent, en somme, trente pleines années qu'il

fallut à Charles VII, roi, pour expulser complètement les Anglais ; et pour que ceux-ci se laissassent ainsi finalement cantonner dans leur île, pour les faire renoncer définitivement à tout rôle continental, il fallut davantage que la politique et les armées de Charles VII, davantage même que les luttes intestines désolant l'Angleterre ; il fallut cette situation géographique plus puissante que les puissances des gouvernements, et en vertu de laquelle les îles peuvent parfois être aux continents, mais les continents ne sauraient jamais appartenir aux îles.

L'événement fut donc bien au-dessus d'une intervention individuelle et n'eut rien de comparable au coup de baguette de quelque *deus ex machinâ*.

DEUXIÈME PARTIE

JEANNE LA PUCELLE

Premières démarches de Jeanne.

Le fait des voyantes étant d'aller vers les rois, les voix de Jeannette ne pouvaient que se tenir dans la tradition, et, à l'heure des commotions belliqueuses, lui devaient crier : « Va en France », comme à l'époque de sa première communion, à l'heure des préoccupations cultuelles, elles lui avaient crié : « Va à l'église. »

Un côté du rôle des rois étant d'accéder aux superstitions populaires et de recevoir en temps de crises les voyantes, Charles VII devait faire venir près de lui la voyante de Domrémy.

Cependant il se passa des mois avant que l'appel passionnel de la jeune paysanne fût entendu par le roi.

Jeannette en souffrit horriblement. Irréalisé, le désir des névrosés devient torture morale. Ils ne peuvent tenir en place. Emportés par leur idée maîtresse, ils font tentative sur tentative, brisés par les refus, mais non découragés.

Jeannette, saturée de toutes les superstitions de son temps, fille aux jarrets solides, aux vives colères, en proie aux hallucinations religieuses et partageant les instincts guerriers de ses frères, Jeannette fut définitivement soulevée par les événements locaux de la vallée de la Meuse au commencement de 1428, par le spectacle de Domrémy pillé, par les paniques des jours de fuite, par la ruine des siens, par les lamentations et la haine dont son cerveau était l'écho.

Et puis, le secret de ses visions, qu'elle avait longtemps gardé par crainte des Bourguignons, avait bien fini par s'ébruiter. On commençait à jaser des étrangetés qui se produisaient en ce cerveau ; les uns se défiaient, y compris le père Darc, qui, ayant eu vent que sa fille pensait s'en aller avec les hommes d'armes, avait juré qu'il la noierait plutôt, si ses frères ne la noyaient eux-mêmes. On retrouvera ce doute chez Baudricourt.

Mais les bonnes femmes ne songeaient pas à douter, et la mère Romée n'avait, elle, aucune envie de retenir Jeannette, encore moins l'oncle Laxart, de Burey-le-Petit, sur la route de Vaucouleurs, qui dès l'abord fut l'instrument dont on se servit pour tromper le père Jacques.

Quant aux frères, loin de vouloir la noyer, ils furent, lorsqu'elle partit, ses compagnons.

Mais pourquoi l'insuccès des premières tentatives ?

Dès le mois de mai de 1428, presque au lendemain de la fuite et du grand séjour à Neufchâteau, l'oncle Laxart avait combiné avec Jeannette un stratagème. On avait prétexté que la présence de la jeune fille à Burey était nécessaire, et le père Jacques, qui n'était guère riche l'avait laissée partir, comme il fera à maintes reprises durant cette année de désastres où Jeannette, dans l'inquiétude de son idée agitante, sera un peu partout, à Domrémy excepté.

Aller au roi est bientôt dit, moins vite fait. Encore fallait-il que Charles VII fût avisé et consentant. Comme il y avait à Vaucouleurs, ville française, à quelques heures de Burey, un capitaine du roi, l'oncle conduisant la nièce avait donc été trouver ce capitaine Baudricourt, auquel Jeannette avait parlé de ses voix, de ses lumières, disant venir de la part de messire Dieu, afin que lui, Baudricourt, mandât au dauphin de se bien tenir, qu'elle lui donnerait secours.

Las! Baudricourt ne l'avait guère écoutée et avait recommandé à l'oncle Laxart de la ramener à la maison bien souffletée.

Quant à transmettre le désir de la jeune voyante au roi, le capitaine n'y avait, cette première fois, même pas songé, et l'eût-il fait que le gouvernement de Charles n'y eût, pour ce moment, porté nulle attention.

Si Jeannette était en effet déjà dans le plein de sa passion, en raison des événements de Domrémy, et, soit dit en passant, bien avant le siège d'Orléans, le gouvernement du roi n'avait, en ces premiers mois de l'année 1428, nulle intention de consulter les voyantes.

Réorganisation du Royaume.

S'il y avait crise de guerre et incursions dans le Barrois, il y avait au contraire dans le pays de France cette sorte de trève et de recueillement qui précède et prépare les actions décisives.

Le gouvernement de Charles travaillait à la réorganisation politique du royaume et à l'organisation de ses forces défensives, en prévision d'une agression qu'il jugeait prochaine ; car on s'agitait au Parlement anglais ; les partis se reprochaient mutuellement un échec honteux subi en France quelques mois auparavant, alors qu'une armée anglaise avait débarqué, prétendant s'emparer des pays de la Loire, et n'avait réussi qu'à semer ses hommes sur les champs, réduits qu'ils avaient été à manger l'herbe, à fondre petit à petit, sans combat, de maladie et de dénuement, et finalement à se perdre dans le Bocage, n'ayant pu même apercevoir les pays qu'ils avaient pensé conquérir.

Les pays de l'Ouest, tant de fois dévastés par les invasions, étaient désormais impuissants à nourrir de nouveaux arrivages d'envahisseurs, et les troupes de débarquement, dès qu'elles s'enfonçaient quelque peu dans la campagne, périssaient de malefaim depuis déjà plusieurs années. L'excès de misère était outil de vengeance aux provinces écrasées par le joug étranger ; l'Anglais mourait de sa conquête, et la famine se faisait la puissante auxiliaire du gouvernement français qui, lui, s'appuyant sur de vastes provinces moins éprouvées, travaillait sans relâche à la reconstitution de ses moyens d'action.

Sans doute, messieurs les historiens, voilà qui n'est guère conforme aux enseignements que vous avez à profusion répandus, au détriment de la vérité. Mais ce qui importe, c'est cette vérité et non ce que vous avez écrit.

Vous avez ramassé dans la satire du temps un trait d'esprit, le mot « roi de Bourges », et vous l'avez accepté, développé comme un thème historique. Parce que Charles VII fut, dès les premiers temps, un impénétrable, ou parce que son rôle s'est trouvé effacé par le rôle de ses conseillers, vous avez dit : roi fainéant, sans remarquer combien l'on travaillait à ses côtés. A-t-il débuté par être réellement indolent, ce Charles VII qui présida à l'avènement des temps modernes? Dans ce cas il eut, comme Louis XIII, ses Richelieu et aussi ses Mazarins. A-t-il dès l'abord été une personnalité importante? Alors il eut ses Colbert.

Le Roi des Bourgeois.

« Roi de Bourges », certes le mot prête à rire.

En réalité, cette royauté de Bourges, sauf la région bordelaise, avait pour domaine tout le vaste pays compris entre la Loire, l'Océan, les Pyrénées, la Méditerranée et le massif Alpin.

Personnellement Charles était dauphin du Viennois, duc de Berry, de Touraine et comte de Poitou. Ses conseillers assurèrent d'abord la tranquille possession de ces domaines, et, dès 1419, tout trouble civil en avait disparu.

Immédiatement après, on s'occupa de pacifier les pays du Sud, et Charles VII les visita en un long voyage analogue à celui qu'il devait faire sur Reims en 1429. Pendant cette tournée, les villes furent ou séduites par des attentions, des privilèges, ou réduites comme Nîmes, devant laquelle, commandant aux côtés du roi, Jean de Torsay, grand maître des arbalétriers, fit la preuve que les Français avaient profité des leçons des tireurs anglais, et passaient maîtres à leur tour au maniement des armes nouvelles.

A l'issue de ce voyage la royauté de Charles s'étendit sans conteste non seulement dans les provinces dont il était seigneur mais en outre sur l'Orléanais, le Maine, l'Anjou, l'Aunis, la Saintonge, le Bourbonnais, l'Auvergne, le Lyonnais, la Provence et tout le Languedoc. C'était gentil pour un roi de Bourges.

Aussi ne tardèrent point à se produire les amitiés et alliances qui viennent aux puissances et les affirment.

On sait déjà que le duc de Lorraine, qui en 1417 était du parti bourguignon, connétable de France pour Isabeau, donnait, dès 1418, sa fille au beau-frère de Charles VII, au fils cadet de Yolande de Sicile.

Celle-ci avait même auparavant usé d'analogue moyen pour détacher la Bretagne du parti anglais ; elle avait marié son fils aîné à la fille du duc breton, ce qui expliquera en partie l'appui qu'elle ne cessera de donner à l'héritier de Bretagne, le comte Richemont, et le grand tort qui faillira en résulter pour la cause de la royauté bourgeoise ; car, ne l'oublions pas, Yolande était et est restée du parti des seigneurs, voulant bien se servir des marchands, mais, leur faire place nullement.

Le comte Richemont était d'ailleurs personnel ennemi des Anglais qui, l'ayant fait prisonnier à Azincourt, l'avaient gardé quatre ans durant.

Autre prisonnier également rançonné, et resté furieux d'avoir été pris à Verneuil, ce jeune duc d'Alençon que Jeanne la Pucelle appellera mon beau duc, et dont l'alliance avait été, en 1424, acquise et fut durant de longues années conservée moyennant mariage avec la fille du duc d'Orléans, ce qui l'avait fait de la famille royale de Charles VII.

Jusqu'en pays bourguignon même, en pleines possessions anglaises, de puissants seigneurs s'agitaient et se tournaient vers le soleil levant ; témoin le seigneur de Longueval, son frère et nombre d'autres, qui prirent, en 1424, et malgré la défaite de Verneuil, le parti de Charles ouvertement.

Ils savaient clairement que cette bataille de Verneuil, si disputée pendant plus de trois heures, perdue par simple imprudence des chevaliers, qui ayant fait quelque butin l'avaient emporté sans attendre la fin du combat, avait prouvé incurie non faiblesse ni affaiblissement; les forces royales n'en avaient pas été plus entamées que l'an d'avant, à la bataille de Cravant, qui avait tant mis l'Est en émoi, vers la Champagne et le Barrois. Il y avait eu destruction d'auxiliaires écossais, et on ne comptait pas ces morts en cette guerre, car plus il en tombait, plus il en revenait du montagneux pays dont l'inextinguible passion était la haine de l'Anglais.

Après la bataille de Cravant par exemple, selon l'accord des chroniqueurs, il y avait eu comme une émigration générale de l'Ecosse vers la France, tellement que le secours était passé à l'état de fléau, et que le contemporain Basin a pu représenter la destruction des Ecossais à Verneuil comme une chose heureuse pour le royaume.

Le système de négociations si âprement poursuivi par Yolande de Sicile, et si habilement ménagé par le Grand Conseil, aboutit le 26 avril 1424, à un solennel traité constatant l'alliance de Charles VII avec le duc de Milan, le roi de Castille, le roi d'Ecosse, le roi de Sicile, le duc d'Orléans, le comte d'Angoulême, le comte de Bourbon, le duc d'Alençon, le duc d'Anjou, le comte d'Armagnac, Richard de Bretagne, le sire d'Albret, la reine de Naples, le duc de Savoie, le marquis de Montferrat, le doge de Venise, le marquis d'Est et celui de Mantoue. Et la liste des alliés est loin d'être complète, puisqu'elle ne comprend même pas le duché de Bar, pays de Jeannette, et non plus le puissant duché de Lorraine.

Voilà un roi de Bourges bien sauvegardé.

L'Alliance bourgeoise.

Il l'était davantage encore par une autre alliance, plus puissante à elle seule que toutes les alliances seigneuriales. La bourgeoisie, industrielle et marchande, avait compris qu'il lui fallait, pour son travail et son négoce, la tranquillité ; cette tranquillité exigeait l'expulsion des Anglais et la suppression des seigneurs exacteurs ; la bourgeoisie ouvrit largement sa bourse et donna ses hommes au jeune roi, en même temps adversaire de la régence anglaise et de l'aristocratie bourguignonne.

Même comme combattants, les bourgeois n'étaient plus à dédaigner. Depuis un demi-siècle déjà les roturiers s'étaient exercés à l'arbalète, tellement, a rapporté Juvénal des Ursins « que si ensemble se fussent mis ils eussent été plus puissants que princes et nobles ».

Ces roturiers, sur la fin du moyen âge, en étaient arrivés à être détenteurs de la finesse propre aux transactions, de l'instruction propre à la lutte des légistes, de la richesse, déjà le nerf de la guerre, et détenteurs même, comme l'a remarqué des Ursins, de la force matérielle. Ces bourgeois ne s'unirent pas entre eux, en quoi ils eurent tort, mais ils acceptèrent, dans la royauté de Charles VII, un chef entre les mains de qui ils apportèrent leur force armée, leurs subsides, leur savoir et leur diplomatie.

Le roi de Bourges devint le roi des bourgeois. Le

mot a été appliqué à Louis XI ; il doit l'être à Charles VII tout d'abord qui, par les bourgeois, dont son gouvernement acceptait, provoquait le concours, recouvra son royaume, subjugua les seigneurs, expulsa les Anglais.

Après le triomphe, les bourgeois laisseront l'action royale s'imposer, même à eux, suivant l'apologue du cheval s'étant voulu venger du cerf ; mais pendant toute la première période du règne de Charles VII, ils s'immiscèrent effectivement dans la direction des affaires, par leurs représentants au Grand Conseil, par les parlements et par leur participation aux États généraux ou provinciaux, à chaque besoin réunis, et dans lesquels la bourgeoisie répondait aux demandes de subsides : « Donnant, donnant ». Et aux graves moments elle savait même élever la voix, comme il arriva lors du siège d'Orléans, pour sommer tous les feudataires de la couronne de s'armer et de secourir le royaume.

Charles VII n'était pas encore roi que l'habile politique de son gouvernement visait cette alliance avec la bourgeoisie. Dès 1418, parut daté de Chinon « un advis fait pour le bien et union du royaume ». Tantôt ce sont des villes qui reçoivent des privilèges et tantôt des gouverneurs qui sont frappés de blâme, comme celui du Languedoc, en 1427, pour avoir levé des impôts sans consentement des Etats. D'autrefois c'est le roi lui-même qui donne l'exemple des sacrifices ; ainsi, le 15 juin 1426, il abandonne une année de ses revenus « pour le bien du peuple ».

Conséquence : les États généraux accordent autant de subsides qu'il est besoin, et, s'il arrive que les favoris du jeune roi gaspillent quelque peu, de nouvelles ressources sont votées ; mais plus on avance, plus l'injonction se fait formelle, que les millions de livres ainsi versés serviront à l'expulsion des Anglais.

4.

L'argent bourgeois.

Quant au dénûment de Charles VII, légende. Légende, l'anecdote de ce cordonnier qui remporte sa paire de bottes parce que le roi ne peut le payer comptant ; le pauvre cordonnier qui se serait permis pareil acte n'eût pas longtemps cousu d'autres bottes. C'est cependant ainsi qu'on a écrit l'histoire de ce temps. C'est également par une autre légende que le gouvernement de Charles VII a été stigmatisé comme déprédateur, sous prétexte que le roi s'était fait confectionner une huque de sept mille francs ; il eût fallu beaucoup de huques brodées d'or pour épuiser les millions fournis par la population. La vérité est qu'au temps, par exemple, du siège d'Orléans, aux heures où le gouvernement fut en état d'engager l'action décisive, les subsides des États servirent bien à la défense. Et ce fut parce que le régime de la solde pour tous hommes d'armes, capitaines compris, fut sérieusement établi et suivi que, pour la première fois, on connut la cohésion dans les armées, désormais servantes du roi.

Cette cohésion sous une direction unique valut la levée du siège d'Orléans et la défaite définitive des Anglais sur les champs de bataille, précédant la déroute qui, plus tard, résulta pour eux des conclusions de traités.

Ces capitaines à la solde que, grâce à l'argent bour-geois, le gouvernement de Charles VII s'attacha pour le grand effort de 1429, se servant d'eux en attendant de les détruire, ces capitaines, dont quelques-uns sont restés populaires, s'étaient formés à la guerre nouvelle dans maintes expéditions indépendantes, quelquefois menées pour le roi, mais le plus souvent accomplies pour leur propre compte, par amour du butin, en véritables routiers, comme étaient La Hire et Xaintrailles, mais aussi en hardis compagnons, habiles, solides, sans scrupules, employant toutes les armes et toutes les ruses, et qu'il suffit, l'heure venue, d'organiser tellement quellement, et de lancer contre les Anglais pour obliger ceux-ci, déconcertés, étourdis, à perdre pied petit à petit devant le flot de ces hommes à tout faire, qui avaient mis leur amour-propre et leur intérêt à faire disparaître l'étranger.

La guerre de partisans.

Pendant dix années, quels préludes à la campagne de grand balayage ! Que de brillants coups, où les aventuriers des corps francs s'étaient formé l'intelligence et la main !

Aux batailles rangées comme Cravant, Verneuil, les seules actions de l'époque dont on ait gardé le souvenir, c'était la vieille chevalerie qui, continuant le vieux jeu, se trouvait déconfite par les archers anglais ; mais dans les faits d'armes, les escarmouches, les surprises des capitaines, c'étaient les Anglais, dépaysés, étonnés, déjà décimés par la famine qui recevaient tous les horions et tombaient drus comme mouches.

Pendant les dix années qui précédèrent la levée du siège d'Orléans, cette guerre de partisans avait littéralement disloqué la puissance des Anglais, et les succès des capitaines étaient nombreux à ne plus les compter, tellement qu'il faut se contenter de noter les plus étonnants.

En remportant, en 1421, la grande victoire de Baugé, dans cette campagne où Charles VII commandait à plus de vingt mille hommes, les Français avaient prouvé que, même en bataille rangée, ils se procureraient quand ils voudraient l'avantage; il leur suffirait de se plier à un commandement unique. Mais pour les coups de mains, les pointes audacieuses, si certains Bourguignons pouvaient se vanter de rivaliser avec les routiers français, la chose était défendue aux Anglais. Lorsque les Bourguignons cesseront de les soutenir, les Anglais seront perdus.

Succès français.

Donc, grand succès français à Baugé, le 22 mars 1421. Le duc de Clarence, frère du roi d'Angleterre, capitaine général de Normandie, est tué avec le comte de Kune, le seigneur de Roo, maréchal d'Angleterre, et toute la fleur de la chevalerie dudit duc de Clarence.

Même année, les Français remportent un avantage considérable devant Alençon; ils prennent Villeneuve-le-Roi; Pothon de Xaintrailles met en fuite les Bourguignons eux-mêmes, devant Saint-Riquier, et se signale à la Ferté. Charles en personne s'empare de Bonneval et de Gaillardon, et ce n'étaient pas les premiers faits d'armes heureux auxquels présidait le jeune héritier de la couronne, témoin son voyage triomphal dans tout le Midi et la prise de Nîmes, témoin la prise de l'importante ville de Tours et celle d'Azay-sur-Indre, accomplies dès

1418 sous ses yeux et avec sa participation. A noter également, pour cette année 1418, aux jours exactement de la grande victoire diplomatique marquée par le mariage du duc, seigneur de Jeannette Romée, avec la fille du duc lorrain — à noter une sérieuse défaite infligée aux Anglais par le seigneur de Gamaches.

Succès français en 1422 et 1423. Le propre neveu de Jean Sans Peur est défait à Séverette ; Bernay est surpris par les gens de Charles VII ; la place de Rue est emportée par Jacques de Harcourt ; les forteresses de Dammart, de Ponthieu, tombent également aux mains des capitaines ; aussi celle de Meulan, et, si elle n'y reste que momentanément, c'est que les seigneurs venus avec une armée de renfort s'en vont sans rien faire, n'ayant pu se mettre d'accord pour le premier rang. Tant il est vrai que l'heure de la victoire définitive sera l'heure où le Grand Conseil aura fait cesser toutes ces compétitions.

Succès en 1426. Le comte Richemont, connétable de France, et le maréchal Gilles de Rais, fameux par ses crimes et par ses faits d'armes, dégagent d'Anglais toutes les frontières de Bretagne. De Rais agissant seul prend Sens, enlève le fort de Ramifort en Anjou et le château de Malicorne dans le Maine.

Entre temps, nombre de places et de forteresses sont prises et reprises comme Compiègne, le Mans, Ham, Beaumont-sur-Oise, le château d'Ivry qui est enlevé contre le capitaine d'Avranches, frère de Suffort, la Male-Maison, occupée par Jean Blondel, le Mont Saint-Michel, conquis à la suite d'une sanglante défaite d'un corps anglais, qui fut anéanti par les Français et les Bretons réunis. Dans ces entreprises particulières, locales, capitaines et soldats se formaient, prenaient l'espérance, l'habitude et bientôt la certitude de vaincre.

La série de ces combats à tactique nouvelle, énergiques, heureux prélude de la finale délivrance, se clôt le 5 septembre 1427, par le beau fait d'armes de Montargis où le Bâtard d'Orléans et La Hire détruisent plus de 1.500 Anglais et s'emparent de la ville, qui restera en leurs mains, et d'où ils partiront, avec leurs hommes, pour délivrer Orléans, sous les murs duquel les Anglais épuisés seront venus vainement tenter leur dernier effort offensif.

Tâche impossible.

Ce n'est donc pas tout que de faire apposer la signature d'un duc, fût-il de Bourgogne, et d'une femme de fou, au bas d'un acte, de se faire octroyer la France par un traité félon : il reste encore à la prendre, cette France, province par province, ville par ville, forteresse par forteresse ; et quand cela est fait, rien n'est encore fait, si l'on n'a pas submergé la population tout entière par une autre population établie à demeure, si l'on n'a pas couvert le pays tout entier de troupes considérables, si l'on n'a pas mis dans chaque village, chaque cité, tellement de soldats, que les habitants ne puissent pas même songer, un seul instant, aux chances d'une révolte, à la possibilité d'un secours, à l'espoir d'une délivrance.

Or les Anglais n'avaient jamais pu que débarquer quelques milliers d'hommes, tantôt plus, tantôt moins, à chacune de leurs incursions. Ils avaient ainsi ,à diverses reprises, parcouru les provinces du nord de la Loire, assiégé, emporté des villes; mais sans prendre pied nulle part, sinon en Normandie.

Et encore en Normandie n'étaient-ils pas acceptés. La conquête était toujours à refaire; Rouen avait résisté jusqu'à être cruelle envers elle-même, jusqu'à se décimer elle-même, jusqu'à laisser périr de famine, dans ses fossés, sa population flottante à laquelle elle avait fermé ses portes pour avoir moins de bouches à nourrir et résister plus longtemps. On avait vu, d'autre part, les bourgeois de Caen abandonner, lors de l'entrée des Anglais, leurs maisons, leurs biens, leurs moyens de travail, et s'en aller chercher misérablement une nouvelle existence en quelque coin où ils ne fussent pas exposés à la douleur de la domination anglaise. Le clergé seul avait ouvert les portes volontiers.

Ces armées passantes étaient bientôt armées mourantes, réduites à manger de l'herbe, affolées par la faim, se portant par désespoir aux plus épouvantables excès, égorgeant les mâles et violant les femmes, comme à Sedane, près Vertus, en Champagne, semant partout la haine en apportant misère et douleur, et, ainsi fomenteuses de désordre, se montrant en outre incapables de réprimer les excès des bandes de brigands. Et ces dernières étaient si onéreuses aux populations, que celles-ci cherchèrent qui pourrait être leur protecteur, et se tournèrent avec reconnaissance vers le gouvernement de Charles VII, dès qu'elles crurent trouver en lui la force nécessaire pour organiser un peu de tranquillité. A cette révolution, la bourgeoisie savait bien ce qu'elle gagnait et elle y fit effort; le peuple, hélas! n'y gagna que d'être pillé avec méthode au lieu de l'être par hasard et soubresauts.

Faiblesse et dénuement des Anglais.

« Il ne faut pas, a écrit Quicherat, se faire d'illusions sur l'établissement des Anglais dans nos provinces. Le grand obstacle à cela fut leur petit nombre, qui les enchaîna dans une continuelle dépendance de la faction bourguignonne. »

Le besoin de généraliser a fait dire : Les Anglais étaient maîtres de tout le Nord de la France. Doucement, doucement. Le duc de Bourgogne n'eût pas laissé faire. Les Anglais n'eurent jamais la Bourgogne, c'est entendu. Mais, dira-t-on, ce n'est pas le Nord. D'accord ; mais ils n'avaient pas non plus la Lorraine, ni le Barrois, ni, de l'autre côté, la Bretagne. Si, en Champagne, on en voyait quelques-uns, clairsemés dans les garnisons, c'était comme subordonnés des Bourguignons. Ils n'avaient pas non plus l'Artois, ni la Flandre, qui faisaient partie intégrante du domaine de Bourgogne, ni l'Ile-de-France, ni Paris, qui, au temps du siège d'Orléans, avait pour commandant un Bourguignon, et d'où Bedford, le régent anglais, s'enfuit à la nouvelle de la levée du siège, pour s'enfermer dans le donjon de Vincennes, de peur des Parisiens. En Picardie même, les Anglais n'occupèrent jamais plus de deux places, et infimes : Rue et le Crotoy.

Le pauvre enfant Henri VI, marqué pour la folie, était donc en France le roi sans terre, sans villes, presque sans soldats, et sa situation sera d'autant plus compromise que le gouvernement de Charles VII aura la sagesse de procéder à l'expulsion par deux opérations largement espacées ; la première portant sur les provinces où les envahisseurs n'avaient pris nul pied, --- ce fut l'expédition de 1429 aboutissant au traité d'Arras ; la seconde, entreprise seulement en 1449, après la révolution accomplie à l'intérieur contre les seigneurs, et portant sur la Normandie, d'où les Anglais, piètrement cantonnés, furent mis en pleine fuite avec très grande facilité.

Noyés, comme guerriers, dans ce grand royaume à eux étranger, les Anglais y étaient plus impuissants encore en raison des pénibles conditions d'administration parmi lesquelles ils se débattaient, obligés qu'ils étaient de tirer leurs ressources de provinces ruinées.

On sait que, dans leurs embarras, les gouvernements avaient l'habitude de déprécier les monnaies, ce qui naturellement les faisait maudire ; aussi les malédictions ne pouvaient-elles manquer au régime anglais, qui, en 1421, par conséquent même sous Henri V, avant la régence décadente, faisait tomber la monnaie de seize à trois deniers. Et toutes les années suivantes furent ainsi de banqueroute permanente ; en 1422 les florettes descendaient à deux deniers ; des impôts écrasants furent mis jusque sur les privilégiés, sur les chevaliers, sur l'Eglise elle-même, qui, devant ces mesures fiscales, commença à réfléchir ; car le gouvernement anglais songea pour un instant à reprendre au clergé toutes les rentes et héritages acquis depuis quarante ans. Ce projet fut cause d'un très grand refroidissement. Le clergé parisien avait beau, avec d'autres corps de métiers, faire renouveler ses privilèges, ceux-ci n'empêchaient point Paris d'être désolé, ruiné pour la moitié de ses maisons, désert au point que les loups en faisaient leur promenade. La famine y étalait ses ravages, tellement que les pauvres, épuisés, répondaient quand, par hasard, on leur apportait un peu de nourriture : « Donnez à d'autres, je n'ai plus la force de manger. »

L'Angleterre, que sa conquête ruinait, n'envoyait que de maigres secours, malgré la démarche faite à Londres par les représentants de Paris, pour exposer la déplorable situation de la capitale.

Discordes anglaises.

Donc, faiblesse des Anglais parce qu'ils manquent d'hommes et d'argent ; faiblesse, parce qu'ils ne peuvent mater les pillards ; faiblesse parce qu'ils sont étrangers et que le peuple les hait, sentiment que le gouvernement de Charles VII ne manque pas d'exploiter, de surchauffer, au moyen des intelligences qu'il entretient dans toutes les villes ; de ces sentiments d'hostilité, les témoignages se manifestent nombreux et graves, par des complots comme à Paris, ou par des protestations comme celles des dignes bourgeois de Dijon, adressant des remontrances à leur duc, pour s'élever contre le traité de Troyes, signé par lui) ; faiblesse, parce que le roi anglais est un enfant à peine sevré ; faiblesse surtout parce que parmi les tuteurs de ce faible enfant va se mettre la division, parce qu'ils vont lutter l'un contre l'autre, parce que l'Angleterre va être divisée en factions et, à son tour, en proie à la guerre civile, à l'heure où les divisions auront cessé en France ; faiblesse surtout parce que la désunion va naître et grandir, jusqu'à la haine, entre le gouvernement anglais et son unique soutien, le duc bourguignon.

Monstrelet note pour 1425 : « En cet an y eut grand

discors en Angleterre entre le duc de Glocester, d'une part, et son oncle de Winchester, d'autre part. »

Mais, d'autre part, fut en outre « grand discors » entre ledit duc de Glocester et le duc de Bourgogne.

Celui-ci, était un très puissant seigneur certainement, mais que ses entreprises ambitieuses et son alliance anglaise menaient, lui aussi, à grande détresse pécuniaire ; de plus il avait, contre lui, de posséder un État brisé par la moitié, formé de deux grands lambeaux séparés, la Bourgogne d'un côté, les Flandres et alentours de l'autre.

Dans ces alentours se trouvait le Hainaut, pour lequel la question d'héritage se posa en 1424. Jacqueline de Bavière, une de ces femmes militaires comme cette époque en connut de diverses sortes, prétendit à l'héritage, et le duc de Brabant le réclama non moins vivement. Or, Jacqueline était la femme du duc de Glocester lequel soutint ses prétentions, et le duc de Brabant fut, lui, aidé par le duc Philippe de Bourgogne. Ce fut la guerre, très vive, très excitante et dissolvante.

Fragilité de l'alliance Anglo-Bourguignonne.

Voilà comment le duc de Bourgogne, menant en France la guerre contre Charles VII, de concert avec les Anglais, faisait, vers les Flandres, une autre guerre acerbe à ces mêmes Anglais.

Piètre alliance et boiteuse pour ceux-ci par conséquent, car ils ne pouvaient se dissimuler que le duc bourguignon leur ferait quelque jour défaut. Dès les obsèques de Charles VI, Philippe s'était abstenu de paraître pour ne point céder le pas devant Bedford, régent au nom de l'Angleterre.

Voici d'autre part qui peut caractériser l'union de ces alliés : Ils s'exerçaient ensemble en des jeux et tournois, pendant lesquels on pouvait de temps en temps surprendre l'un des joûteurs s'efforçant de déconfire son adversaire, par un coup malheureux. Le duc de Glocester caressait le projet de s'emparer par surprise du duc de Bourgogne, mais le régent Bedford estimait qu'il serait plus sage de le tuer.

Le gouvernement de Charles VII, diplomate, rusé, n'avait garde de ne pas profiter de ces dissensions ; et si, d'une part, il mettait en secret tous ses efforts à accroître les embarras de Philippe, du côté de la Hollande, en soulevant contre lui ses bonnes villes, d'autre part, il ne cessait de négocier avec lui en France, préparant la réconciliation. Bien avant le temps du siège d'Orléans, Philippe et Charles en étaient aux échanges de bons procédés ; en 1425 Philippe autorisait le mariage de sa sœur avec le duc d'Alençon, allié de Charles ; et c'était également avec son agrément que le comte de Richemont, héritier de Bretagne, acceptait du roi français l'épée de connétable de France.

L'alliance anglaise pesait donc au duc de Bourgogne, qui s'en dégagera peu à peu et qui s'en débarrassera tout à fait quand sera morte sa fille, donnée par lui en mariage à Bedford et qui s'était toujours efforcée d'empêcher la rupture — et quand sera également mort, trois ans plus tard, en 1435, Bedford lui-même, qui retenait Philippe par l'ancienne complicité du traité de Troyes.

Recueillement de la France.

Il convient ici de s'arrêter à un reproche qui, par beaucoup d'historiens, a été adressé fort acerbement au gouvernement de Charles VII. On entend les historiens n'ignorant pas que ce gouvernement avait en mains de puissants moyens d'action.

De 1424 à 1429 le gouvernement français n'entreprit aucune grande expédition armée contre l'occupation anglaise. C'est indolence, disent ces historiens, quand ils ne font pas appel à plus rudes qualificatifs.

Eh bien, non. C'est politique, c'est nécessité, c'est prudence. Les gouvernements sensés, quand ils partent en campagne, surtout si importante, sont tenus d'assurer leurs derrières, et avant que de pousser la guerre contre l'étranger, il convenait d'étouffer tout germe de guerre civile.

C'est là qu'on saisit bien le double caractère et toutes les difficultés de la tâche incombant au roi des bourgeois.

Ces forces, qu'on désirait diriger contre l'Anglais, il fallut d'abord les souder de façon à les empêcher de se tourner les unes contre les autres, comme il était arrivé tant de fois et avait été la vraie cause des anciennes défaites. Il fallut parer aux compétitions des seigneurs entre eux, et mettre d'accord, au moins momentanément, les bourgeois, qui voulaient compter pour quelque chose, puisqu'ils payaient, et les seigneurs, qui en étaient encore à la tactique du temps de Charles VI, et qui prétendaient garder le roi comme leur prisonnier moral, asservir la royauté et non pas la servir.

Rude était donc la tâche des Etats et de ceux, parmi les membres du Grand Conseil qui luttaient non seulement pour affranchir la royauté, pour la faire sortir de tutelle, mais pour la rendre souveraine, et lui préparer les moyens de diriger finalement le pouvoir nouveau contre le pouvoir des seigneurs. Et elle était rude encore, parce qu'il y avait division dans l'entourage immédiat du roi, parce que Yolande de Sicile était, en fin de compte, du parti des seigneurs.

Pour tout le monde, il s'agissait d'accaparer le roi pour gouverner sous son nom, les bourgeois apportant en jeu la puissance matérielle et intellectuelle, les seigneurs faisant appel à la corruption.

Yolande de Sicile, fidèle à son système, avait scellé alliance avec le puissant héritier de Bretagne, Richemont, redoutable aux Anglais. Mais Richemont, en retour, avait rêvé le maniement de la royauté. Le premier moyen était d'énerver mentalement Charles VII, comme il avait été fait de son père. Richemont avait donc continué le système des favoris déprédateurs, chose peu importante puisque le bourgeois remplissait la caisse; mais aussi corrupteurs, chose excellente puisqu'elle annihilait la personnalité du roi.

La Royauté met fin aux discordes civiles.

Cependant ces favoris, eux aussi, s'avisèrent d'opérer pour leur compte, et de vouloir gouverner à leur tour le domaine du roi comme ils gouvernaient ses plaisirs.

Richemont alors n'hésita point. De Giac, par exemple, était favori et personnellement ambitieux. Or, au commencement de février 1428, raconte Vallet de Viriville, « le matin au point du jour, Giac était couché dans sa chambre avec sa femme, Catherine de l'Ile-Boichard. Tout à coup on frappe à sa porte. Qui est là? demanda-t-il. On lui répondit que c'était le connétable. — « Je suis un homme mort! » La porte enfoncée, Giac fut pris à peine chaussé, vêtu de sa robe de nuit; tandis que la dame, se levant toute nue (la chemise était un vêtement de jour) courait à son argenterie pour la sauver. Giac, dans cet équipage, fut placé sur un cheval qui avait été amené tout sellé à la porte de l'hôtel ».

Cette scène se passait dans la demeure même du roi.

En entendant le bruit, Charles VII se leva et s'arma, mais on intimida ses serviteurs et malgré lui on enleva Giac, on le mena dans un domaine du connétable, qui fit faire un procès, en suite de quoi Giac fut noyé.

Bientôt La Trémoille, qui avait participé activement à cette expédition, épousa la veuve de Giac, dont il avait pu apprécier la constitution.

Plus tard ce La Trémoille remplaça le favori près du roi, comme il l'avait remplacé près de la veuve; mais seulement après que Richemont eût essayé d'un autre, nommé Beaulieu, et que mécontent de la façon dont ce dernier entendait son rôle, le terrible connétable l'eut fait assassiner sous les fenêtres du roi, en présence de celui-ci.

Mais Richemont n'a pas décidément la main heureuse; car voici que La Trémoille, époux de la dame de Giac et successeur de Beaulieu, suit absolument les traces de ses prédécesseurs. Richemont songe à le supprimer à son tour; mais le roi a grandi et ne tolère plus qu'on lui tue ses amis; et aussi il prend de plus en plus conscience du rôle réservé à la royauté. Les roturiers, les petites gens, dont l'influence s'accroît par le besoin qu'éprouve

Charles d'échapper au joug seigneurial, travaillent à l'éclairer et l'aident dans ses résistances, et la Trémoille, bien qu'indigne, se trouve, par concurrence personnelle contre Richemont, être quelque temps l'instrument de la révolution en voie de s'accomplir.

Mais ce n'en est pas moins, en face de l'Anglais, la guerre civile qui renaît. Richemont s'arme avec d'Armagnac et tente de prendre Bourges, comptant s'emparer, par ce coup de main, en même temps du roi et du gouvernement.

C'est pendant cette guerre civile, en 1428, que les Anglais reprennent un peu d'espoir et de forces, et préparent leur dernière expédition offensive qui va échouer devant Orléans.

Car Richemont a été vaincu et mis à l'écart; les autres seigneurs ont compris que la force était décidément aux mains du Grand Conseil et ils se sont décidés pour le côté de la force, prenant leur rang près de ces capitaines de nouvelle école, si solidement formés aux récentes escarmouches; près de ces arbalétriers qui font dorénavent la victoire; près de ces canonniers qui vont défier toute arme anglaise, et assagir toute chevalerie féodale. Jusqu'à la solution de ces querelles intestines, le Grand Conseil, ne pouvant se fier encore aux seigneurs, avait dû, pour faire face aux envahisseurs, s'en rapporter à des mercenaires étrangers; mais après l'échec de la tentative insurrectionnelle de Richemont, sans licencier ses mercenaires, et en engageant même dix mille d'un coup en cette année 1428 par le traité avec Villadrando, plus, d'autres milliers encore par renouvellement de traité avec le roi d'Ecosse, le Grand Conseil put enfin, sans craindre de nouvelles trahisons, s'appuyer sur des forces françaises, sur les nouveaux capitaines et leurs compagnons à la solde, sur les milices des villes, sur les récentes inventions dans l'armement, sur le concours même de la superstition comme dans le cas de Jeanne, sur l'apport des bourgeois, sur tout le surgissement de conditions nouvelles qui, jointes aux qualités inhérentes à la race, allaient faire la grandeur de ce siècle, en rejetant dans le passé le moyen âge, et dans leur île les Anglais.

Les canons d'Orléans.

En mai 1428, Baudricourt hausse les épaules aux dires de Jeannette, prend l'enthousiaste jeune fille pour une aliénée, la rudoie et la renvoie grossièrement.

En février 1429, Colet de Vienne, écuyer de Charles VII, vient, de la part du gouvernement, chercher à Vaucouleurs, pour la mener au roi, la voyante de Domrémy, désormais Jeanne la Pucelle ; et Baudricourt, encore sceptique, mais obéissant aux ordres royaux, dit : « Va et advienne que pourra. »

En mai 1428, les tentatives de l'oncle Laxart avaient échoué parce que, pour les agents royaux, Baudricourt compris, l'heure de l'action n'était pas encore venue.

En février 1429, le gouvernement du roi convoquait le ban et l'arrière-ban de ses vassaux, faisait appel à tous les capitaines, soldats, volontaires, mercenaires, acceptait toutes les aides, et Baudricourt, malgré ses doutes, était contraint de présider au départ de la petite caravane qui emportait la pucelle de Domrémy et qui s'en allait prendre le service du roi parmi l'armée alors en organisation, pour aider les braves habitants d'Orléans à faire lever le siège de leur cité.

Braves et habiles et actifs et prudents et prévoyants, les Orléanais de ce temps-là, auxquels ceux du nôtre rendront certainement plus de justice qu'ils n'ont fait jusqu'ici quand ils se seront rendu compte de toutes les qualités déployées, avant et pendant le siège, par leurs ancêtres vaillants et glorieux.

De fait, depuis la prise de leur duc, en 1415, les habitants d'Orléans étaient à peu près indépendants, et ils avaient toute la responsabilité de la garde de leur cité, tenue par eux pour un privilège dont ils étaient fort jaloux.

Aussi avaient-ils sans relâche ajouté aux fortifications, déjà formidables, et s'étaient-ils tenus à la tête de la révolution qui, depuis les derniers quinze ans, se produisait dans l'armement.

Orléans, faubourgs non compris, formait alors un quadrilatère de mille mètres de long sur quatre cent cinquante de large. A peu de chose près les dimensions de notre Champ-de-Mars parisien.

Tout autour, bordé d'un large fossé, était un mur dont l'épaisseur défiait sape ou projectile, et dont la hauteur, variant de six mètres quarante à dix mètres, défiait toute escalade. Et, afin d'accroître la puissance défensive, des fortifications volantes, préparées pour les temps de siège, d'énormes charpentes et palissades rehaussaient encore la hauteur de la muraille, en dissimulant aux regards et aux coups de l'ennemi les combattants de la ville.

Flanquaient la muraille trente-quatre tours puissantes, chacune ayant pour la garder et la défendre une des trente-quatre corporations de la ville. Deux de ces tours commandaient chacune des cinq portes, avec systèmes multiples de ponts-levis. Au cas où, par impossible, une tour eût été prise d'assaut, les ouvrages d'intérieur, planchers, escaliers tout en bois, eussent été enflammés, faisant périr l'assaillant. Si par impossible encore une porte eût été brisée et franchie, l'ennemi eût trouvé derrière elle nouvelles fortifications et autres retranchements, et de plus toute la population valide combattant à leur abri, prête à mourir plutôt que de se rendre.

Longeant le grand côté sud et dominée par les tours et par la porte du pont, était la Loire, énorme fossé de trois cents mètres de largeur, tantôt torrent, tantôt banc de sable mouvant, toujours infranchissable sous les canons des remparts.

Car les temps de l'artillerie étaient venus et nulle ville ne possédait de canons autant qu'Orléans.

Au début du siège, Orléans avait en propre, garnissant ses tours, cachés derrière ses meurtrières, soixante et onze gros canons et bombardes, tout en cuivre, lançant de colossaux boulets de pierre ; et, durant le siège, le nombre en fut encore accru. Il y en eut d'amenés, appartenant au roi, que dirigea Pierre Bessonneau, grand-maître de l'artillerie royale ; il y en eut un gros prêté par Montargis ; il y eut le fameux Riflard, qui tuait son homme à tout coup, plus l'énorme bombarde construite par Guillaume Duisy, et qui exigea vingt-deux chevaux pour son transport. Les boulets qu'elle lançait pesaient cent quatre-vingt livres. Il y eut le premier des canons à longue portée, fondu par Naudin Bouchart, et jetant ses boulets jusqu'en l'île Charlemagne, à sept cents mètres des murs. Il y eut surtout trois coulevrines. La coulevrine était d'invention récente, datant à peine de quelques mois. C'était comme le premier fusil, bien que monté sur affût ainsi qu'un canon; mais léger déjà, au tube allongé, tirant au visé, et projetant non plus des pierres, mais de grosses balles de plomb, qui allaient frapper et abattre leur homme avec une précision épouvantable aux assiégeants.

Dernier effort des Anglais.

Ce fut contre ce carré de bouches à feu que vint se briser le dernier effort offensif des Anglais en territoire français.

Il s'agissait pour eux de détruire l'effet du piteux échec de l'an précédent, de se relever de la défaite de Montargis ; il s'agissait surtout d'échapper aux injures des partis, qui, dans le Parlement d'outre-Manche ne cessaient d'attaquer la gestion en France des intérêts anglais.

Mais si le Parlement blâmait beaucoup, il ne tenait pas du tout à supprimer ses prétextes de griefs, par conséquent il ne fournissait que peu de soldats et pas d'argent, ou à peu près.

De sorte que Salisbury, s'en venant en France, fut pourvu de quelques milliers d'hommes à peine, six au plus, auxquels furent joints des échappés de l'expédition de 1427. Mais tout de suite les approvisionnements en vivres et argent furent insuffisants, et les pays à traverser étaient impuissants à y suppléer ; l'armée d'incursion souffrit donc bientôt et s'amoindrit par la détresse. De plus, au fur et à mesure qu'il avançait, Salisbury devait occuper quantité de petites places, faciles à prendre puisque non défendues ; mais dont occupation même était désastreuse pour l'armée, qui s'amoindrissait sans cesse en semant ainsi des garnisons sur son chemin.

Ce fut dans ces détestables conditions que les Anglais, condamnés à une campagne de revanche et à un effort décisif sous peine de perdre conquêtes et prestige, que les Anglais durent chercher à s'emparer des pays de Loire et repousser ensuite de sa résidence et de ses propres domaines le roi français, compétiteur du roi anglais.

Il fallait d'abord s'assurer un poste solide sur le fleuve.

On avait primitivement penché pour Angers, résidence habituelle de Yolande de Sicile; mais, soit pour être plus près de Paris, soit par autre raison, on s'était décidé pour Orléans, en violation d'une promesse antérieurement faite au duc prisonnier depuis Azincourt, que ses domaines seraient respectés.

Les Anglais conservaient peu de sympathies parmi les quelques seigneurs encore leurs alliés en France; ce manquement à la parole donnée n'était pas fait pour accroître ces sympathies, et il avait en outre pour effet de grandir le rôle moral des Orléanais, lesquels non seulement allaient défendre leurs propres biens, mais iraient au nom de leur duc réclamer justice jusque près des soutiens des Anglais, jusque près du duc bourguignon.

Celui-ci, d'ailleurs, en proie aux embarras de toutes sortes dans son propre domaine, en butte aux révoltes de ses villes du Nord, se désintéressait tous les jours davantage du conflit anglo-français, et tandis que les Anglais entreprenaient leur campagne d'Orléans, lui s'en allait batailler vers la Hollande.

A grand'peine les Anglais en obtinrent-ils, pour les aider au siège, quinze cents hommes qui du reste, se retirèrent bientôt.

Les Anglais devant Orléans.

Le 12 octobre 1428 arriva donc la petite armée anglaise, trop faible pour l'organisation d'un siège en règle, nourrissant cependant l'espoir d'un coup de main, comme il était arrivé en plusieurs endroits pendant la période troublée qui avait précédé le règne de Charles VII.

Mais les Orléanais se préparaient à ce siège depuis plus de quinze ans, leurs premiers achats de canons datant de 1412. Les Anglais sont à peine signalés que l'alarme est donnée, que sont réunis la milice, les corps de métiers préposés à la garde des tours, que les étudiants se joignent aux défenseurs, et que tout le monde, même les femmes, jure de mourir plutôt que de se rendre.

Les Anglais venant par le sud constatent, dès qu'ils s'approchent de la rive de la Loire opposée à la ville, qu'ils sont attendus ; car à la place de l'abbaye des Augustins qui, debout, leur eût été un solide poste, tout près de l'extrémité du pont menant à la ville, ils ne trouvent que débris de murailles en ruine ; l'incendie volontaire a passé là ; les Orléanais se sont de suite décidés pour le douloureux mais héroïque sacrifice de faire le vide devant l'ennemi.

Les Anglais avaient pensé surprendre les habitants qu'ils croyaient à peu près sans aide, et non seulement ceux-ci possèdent déjà une garnison d'à peu près huit cents hommes, mais voici que de plus la population elle-même se charge de la défense. C'est donc d'abord l'assaut ; peut-être un siège en règle.

Les Anglais ne peuvent pourtant pas s'en aller sans

rien tenter, comme ils ont fait en 1421, après avoir regardé la ville trois jours. Ce serait l'aveu d'impuissance,
la défaite sans combat. Ils se consultent toute une longue
semaine ; enfin le 21 octobre, ils se lancent impétueux,
car ils sont braves, à l'assaut, non du fort des Tourelles,
qui est protégé par un large fossé profond comme la Loire
et plein de l'eau du fleuve, mais du boulevard de terre et
palissades, ouvrage avancé qui protège la vieille forteresse, à peu près en ruine, étant donné que les Orléanais
n'ont jamais beaucoup compté sur elle, éloignée qu'elle
est de leurs murs, tout au bout de leur pont de dix-neuf
arches, et séparée des fortifications de la ville par toute la
largeur du fleuve infranchissable, commandé qu'il est de
l'enceinte par les formidables canons.

L'assaillant se heurte contre toute la population valide
rangée derrière le boulevard, la petite garnison aidant.

Il y a surprise mais pour les Anglais, qui trois jours
durant font tentative sur tentative, perdant beaucoup de
monde sans déloger les défenseurs, soldats, milices, les
femmes elles-mêmes, qui versent l'huile bouillante, jet-
tent les étoupes enflammées, se font les servants de leurs
maris.

Désespérant de s'emparer par combat de la forteresse,
l'ennemi se décide à la démolir à l'aide de quelques canons de campagne dont il est muni, et rapidement les
vieux murs battus se disloquent, et les Orléanais, ne
pouvant plus en tirer profit pour leur défense, brûlent
tout et abandonnent les ruines ; mais volontairement,
invaincus.

En se retirant ils brisent une arche du pont, suppri-
mant par là toute possibilité d'agression contre la ville,
qui d'ailleurs est couverte par la bastille Saint-Antoine,
bâtie dans le massif du pont lui-même, sur l'île au-

jourd'hui disparue, et qui se trouvait alors à six arches
de distance en avant de la ville.

Cette grosse bastille, précédée du boulevard de Belle-
Croix, était là pour dire aux Anglais : De ce côté, on ne
va pas plus loin.

Salisbury est tué, et le siège interrompu.

Cet avant-poste sur le milieu du pont parut même si
inquiétant à l'ennemi qu'une fois installé tant bien que mal
dans les ruines des Augustins et des Tourelles, ce fut lui
qui redouta d'être attaqué, et qui, pour y obvier, rompit
deux autres arches du pont, proches de la rive gauche
qu'il occupait.

Orléans n'était plus la proie facile à prendre ; c'était la
plus redoutable des citadelles. Salisbury, le plus renommé des généraux anglais, le capitaine terrible, qui,
pour revanche de son échec de l'an d'avant, avait juré
de tout tuer dans la ville, constata qu'il fallait maintenant ou s'en aller ou établir un siège régulier.

Pendant la journée du 24, Salisbury étudiait les conditions de ce siège, cherchant à se rendre compte des
moyens de défense de ses adversaires. Il était à une fenêtre
des Tourelles, la face tournée du côté des remparts
orléanais. Tout à coup, une lumière jaillit de ces remparts ; les compagnons de Salisbury le rejettent de côté ;
mais trop tard ; le boulet a touché juste ; le général en
chef a la moitié de la figure fracassée, et il meurt, non
sans avoir eu le temps d'apprendre que le brave bâtard
d'Orléans, celui dont la douce Valentine disait : « il m'a
été dérobé » vient d'entrer dans la ville, avec un premier

renfort de huit cents hommes d'armes solides et éprouvés, et de la bonne infanterie d'Italie, confortablement équipée.

Les Anglais avaient perdu leur chef, les Orléanais possédaient le leur qui était le plus brillant guerrier de la jeune armée ; de même qu'ils venaient de recevoir pour gouverneur le plus tenace de tous les capitaines, le sire de Gaucourt, qui pour s'être acharné à ne pas livrer la forteresse de Harfleur, alors que la ville s'était rendue, venait d'être treize ans prisonnier des Anglais.

Gaucourt était, de plus, avec l'archevêque Regnault de Chartres, et le bourgeois Robert Lemaçon, le membre le plus influent du Grand Conseil du roi.

En octobre, par conséquent, Orléans était déjà ville bien gardée, tellement que partis pour un coup de main, mais non préparés pour un siège, les Anglais se retirèrent le 9 novembre, laissant seulement cinq cents hommes pour garder les Tourelles, et se dispersèrent dans Jargeau, Meung et Beaugency.

Du fait qu'ils ont gardé les Tourelles, les Orléanais infèrent que les ennemis nourrissent une pensée de retour.

Les Orléanais brûlent leurs faubourgs.

Alors les braves gens n'hésitent point. Ils isoleront leur cité du côté de la Beauce, comme elle est isolée, par la Loire, du côté de la Sologne. Les faubourgs d'Orléans sont les plus beaux, les plus riches qu'il y ait peut être en France, les Orléanais les brûleront avec les belles églises, les luxueuses demeures. Rien ne reste debout excepté quelques murs, quelques clochers qui résistent à l'action du feu et qu'on n'a pu raser totalement.

Les Anglais sont près de deux mois sans reparaître, tant leurs ressources sont maigres et leurs troupes insuffisantes; car ce ne sont pas les trois cents hommes amenés par Talbot, le nouveau chef, qui peuvent être d'un grand secours. Cependant, comme l'inactivité c'est la perte de tout prestige, ils réunissent leurs tronçons épars et arrivent en vue d'Orléans, cette fois par la Beauce, l'avant-veille du premier janvier.

En vue d'Orléans, oui ; mais non pas en contact avec Orléans. Il leur faut s'établir au loin hors de la portée des nombreux canons garnissant les remparts.

C'était folie, d'ailleurs, aux deux mille trois cents hommes d'armes qu'ils étaient, de vouloir enlever de vive force ce quadrilatère de puissantes murailles, en face desquelles, quand ils sont éloignés, ils sont accueillis par un tir incessant d'énormes boulets de cent livres et plus, et quand ils s'approchent des fossés, ils sont criblés de pieux enflammés, de traits d'arcs, d'arbalètes, arrosés de poix fondue, d'huile brûlante, tandis qu'abrités, par les murailles, près de huit mille combattants y compris la milice et les garnisons, se tiennent décidés à périr plutôt qu'être vaincus.

L'expérience avait été vite concluante. Les Anglais, très hardis comme toujours, avaient voulu de suite juger de la situation ; les Orléanais ne s'étaient pas fait prier et avaient accepté les escarmouches en dehors même de leurs murs, et le 4 janvier, aux assauts tentés vers le point le plus faible, aux abords de la porte Renart les Anglais avaient été rudement repoussés. Au reste, de tout le siège, les surprises ne devaient pas être un instant possibles, et les Anglais ne purent jamais faire un mouvement sans être signalés aux assiégés par le veilleur, qui, du clocher de Saint-Paul, découvrait toute la plaine d'alentour, dont les Orléanais avaient fait un désert.

Investissement impossible.

Cette expérience acquise, l'ennemi n'avait plus le choix des moyens ; il n'aurait jamais la ville de vive force ; il ne lui restait qu'à tenter l'affamement, l'investissement.

Autant dès lors s'avouer d'avance vaincu que de prétendre enserrer Orléans dans une ceinture infranchissable de boulevarts, de fossés et de bastilles, en disposant seulement de quelques milliers d'hommes à peu près sans ressources, obligés de ménager la poudre, qui manquera, et possédant à peine quelques mauvais canons de campagne dont les boulets inoffensifs provoquent le rire des assiégés.

Il est, dans les vastes forêts des plateaux des pays de Loire, des chênes séculaires au tronc colossal que les bras de six hommes réunis n'entoureraient pas. Que dirait-on du bûcheron qui tenterait d'embrasser à lui seul un semblable chêne pour le jeter à bas ?

La tentative d'investissement entreprise par les Anglais ne fut guère plus sage, étant surtout donné le fleuve si difficile à obstruer. Puis le beau temps où l'on pouvait monter aux murs des villes avec des échelles commençait à passer, et, pour que la ceinture à mettre autour d'Orléans ne fut pas brisée par la première décharge de quelque bombarde, il était urgent de l'élargir et de la porter à sept ou huit cents mètres des remparts, et la tâche, impossible à l'ennemi avec ses ressources disponibles, consistait, pour boucher tous les passages, à édifier sur un périmètre de trois lieues une ligne circulaire de forteresses qui, faute d'artillerie, devaient se toucher presque, pour se commander; sans quoi Orléans, toujours ravitaillé et communiquant sans obstacle avec le Gouvernement, aurait le temps de provoquer et d'attendre les secours royaux.

En fait, les Anglais durent renoncer à l'investissement après avoir élevé quelques boulevarts de terre et établi quelques bastilles en utilisant les ruines d'églises brûlées par les assiégés.

« Le siège, comme l'a dit Monstrelet, ne fut oncques fermé, par quoi ceux assiégés se pouvaient rafraîchir de gens et de vivres, et allaient en leurs besognes quand bon leur semblait, et ils avaient volonté de ce faire. »

Tout le mois de janvier les Anglais s'acharnèrent à établir bastilles et boulevards après s'être auparavant retranchés dans un camp appelé Saint-Laurent, qui ne parvint pas toujours à les abriter contre les sorties des Orléanais, mais qui leur servit tout au moins à si bien dissimuler leur faiblesse que les historiens en ont été dupes jusqu'aujourd'hui.

La Journée des Harengs.

Au bout de ce premier mois d'ingrate et rude besogne, pendant lequel ils avaient vu pénétrer dans la ville à leur barbe des défenseurs comme l'amiral Louis de Culant, comme La Hire, ils n'étaient encore parvenus à masquer

la ville que vers l'ouest, sur le petit côté du quadrilatère, quand le 28 arriva la nouvelle qu'une armée de
secours s'approchait d'Orléans.

Un secours quelque peu sérieux, c'eût été la défaite pour
les Anglais ; ils le savaient, et le 29, ils se décidèrent, en
désespérés, une nouvelle fois à la folie de l'assaut. C'était
faire tuer du monde inutilement, et il leur fallut ren-
trer dans leur camp après un combat où l'artillerie des
remparts avait secondé victorieusement la bravoure de
la population.

Malheureusement pour les Orléanais, qui auraient pu
être délivrés sans plus tarder, le secours n'était pas
sérieux. Il s'agissait d'une expédition de cette chevalerie vaniteuse, arrogante, dédaigneuse des petites
gens, des archers, arbalétriers, canonniers, et qui prétendait toujours mener la guerre par les mêmes procédés, qui cependant, l'avaient déjà fait battre, depuis
un demi-siècle, nombre de fois.

Ces chevaliers avaient su qu'un convoi, escorté d'environ deux mille hommes, se dirigeait de Paris vers les
assiégeants qui commençaient à souffrir de la faim, et
leur amenait, sur trois cents charrettes, des provisions
maigres pour le carême. Arrêter ce convoi, excellente
idée ; s'en emparer, bonne aubaine que jamais chevalerie
n'a dédaignée. Le comte de Clermont, un des adversaires du gouvernement des petites gens, se chargea de
la double opération. Il rassembla la chevalerie de
l'Auvergne, du Bourbonnais, du Berry, vint parader
devant les Orléanais, et, emmenant une partie de la garnison, se mit à la recherche de l'escorte anglaise, qu'il
rencontra le 12 février.

« A l'approche des Français, a écrit M. Duruy, de
l'Académie française, John Falstaff se fit une enceinte

des chariots de son convoi ; il y fit monter ses archers et garnit les intervalles avec des pieux aigus. Les Français, de leur côté, s'arrêtèrent, leur gendarmerie resta en position, à cheval, et leur artillerie, couverte par les archers et les gens de pied, ouvrit son feu sur les barricades anglaises. Bientôt nombre de charrettes furent renversées et mises en pièces avec les archers qui les montaient, de larges brèches laissèrent voir l'intérieur de l'enceinte. Que le combat se continuât de la même manière, et la petite armée anglaise était perdue ; mais les chevaliers ne voulurent pas laisser cet honneur à l'artillerie. Ils descendirent de cheval, malgré leurs pesantes armures et marchèrent sans ordre aux Anglais. Les archers reprirent alors tous leurs avantages et forcèrent les Français à reculer. Le champ de bataille était jonché de harengs tombés des barils que les boulets avaient défoncés. Les Orléanais se consolèrent de leur malheur par une plaisanterie ; ils appelèrent cette rencontre la Journée des Harengs. »

Toute l'histoire guerrière de la fin du moyen âge est dans ce combat : la chevalerie vaincue par les archers anglais, les archers anglais détruits par l'artillerie.

Organisation des secours.

La preuve était ainsi faite à un moment où ni la bourgeoisie, ni le gouvernement du roi n'étaient plus disposés à de nouvelles démonstrations. La vieille guerre chevaleresque était morte. On s'occupa vivement d'organiser la défense d'Orléans par les nouveaux moyens, par des capitaines et des hommes à la solde.

Tandis que le comte de Clermont et sa chevalerie s'en allaient pour ne plus reparaître, le président du Grand Conseil, Regnault de Chartres, archevêque de Reims, qui avait vu la déconfiture de la Journée des Harengs, s'en retourna vers le roi à Chinon, ayant étudié les conditions de la lutte, les ressources d'Orléans, le temps disponible, et l'effort à accomplir pour la grande campagne qu'on prétendait préparer.

La jeune armée et le jeune gouvernement avaient perdu l'habitude des défaites ; la « Journée des Harengs » leur fut un énergique coup de fouet.

Mais d'abord il importe à tout prix que les Anglais n'aient pas Orléans. Le plus actif des stimulants, en ce temps-là, l'intérêt personnel du roi et celui de sa belle-mère, sont immédiatement engagés ; car Orléans pris, ce seraient les propres domaines de Yolande de Sicile et de Charles VII directement menacés. Dès lors on peut être assuré que Yolande qui, dès 1411, conduisait victorieusement la guerre dans ses Etats de Sicile va tout mettre en œuvre, faire appel à tous les concours, flatter les bourgeois, les bonnes villes, et hâter la réunion de forces telles que les Anglais n'auront plus qu'à battre en retraite.

On réunira, selon un mot de Dunois, une multitude d'hommes d'armes. Depuis un an les Etats généraux ont consacré déjà plus d'un million de livres en aides extraordinaires pour la réorganisation et l'entretien des troupes ; les villes ne seront pas en reste ; Angers remettra au Bâtard huit mille livres ; Tours donnera de gros subsides ; Gien, Bourges, Blois, Châteaudun, Montargis enverront des miliciens ; Angers, Poitiers, la Rochelle, Albi, Clermont, Moulins donneront, qui du soufre, qui du salpêtre, qui de l'argent, qui des hommes ; dès septembre, de nombreux capitaines avaient été désignés pour prendre part à la levée du siège ; déjà le roi avait engagé Jehan de Lorraine, et l'avait décidé à s'enfermer dans Orléans ; de même il engagera la voyante de Domrémy pour porter la bannière. Durant le dernier mois du siège, il n'y aura pas un jour sans que quelque secours pénètre dans Orléans, jusqu'au 29 avril, où la vue de la grande armée, dans les rangs de laquelle sera Jeanne la Pucelle, fera comprendre aux Anglais que la partie est bien perdue pour eux.

Jeanne est exorcisée.

Rebutés une première fois, l'oncle Laxart et Jeanne avaient attendu, celle-ci avec angoisse, une occasion qui leur parût plus favorable.

Quand on sut, vers le commencement de janvier, qu'Orléans était décidément assiégé, Orléans, la ville du duc prisonnier, du poète aux ballades populaires, héritier présomptif du royaume, Orléans où s'était jadis arrêtée l'invasion des Huns et où il fallait que s'arrêtât l'invasion des Anglais, Jeanne et ceux qui concouraient à ses projets jugèrent venue l'occasion.

L'oncle Laxart retourna donc à Domrémy prendre sa nièce, et revint plusieurs fois à la charge près de Baudricourt, mais pour subir de nouvelles rebuffades plus grossières encore que la première.

On sait déjà qu'une première fois le brutal soldat, en son mépris de la paysanne et de ses visions, avait eu l'idée de la livrer à ses hommes. Il se contenta cependant encore de la renvoyer.

Mais elle ne retourna pas à Domrémy ; son oncle la garda chez lui ; ni lui ni elle n'avaient perdu espoir ; il convenait, en attendant, de ne pas s'éloigner. Jeanne passait ses jours en prières, en hallucinations, à la grande curiosité des gens d'alentour. Sa dévotion plaidait en sa faveur, la superstition étant alors un sujet de vénération ; son renom s'étendait et les commères commençaient à blâmer grièvement Baudricourt de repousser une fille si pieuse, qui recevait des communications du ciel. Car le bas peuple d'alors ne doutait nullement du caractère surnaturel d'une hallucination. Tantôt c'était attribué au diable ; tantôt ce l'était à Dieu ; mais l'hallucinée était toujours tenue pour une possédée. Si c'était du démon, on la maudissait comme mauvaise, et si c'était de Dieu, elle passait pour oracle. Toute une catégorie de personnes ignorantes partage encore aujourd'hui, en de semblables sujets, la grossière erreur de ce temps-là.

Jeanne sans reproche, fut jugée de Dieu et oracle, par les paysans de Burey, et aussi par les habitants de Vaucouleurs où elle vint s'installer au bout de quelques jours chez la femme du charron ; et les bonnes commères étaient enthousiasmées de ses dires, de ses prétendus rapports avec saint Michel, sainte Catherine, sainte Marguerite, et des longues heures qu'elle passait agenouillée en la chapelle souterraine de l'église, les yeux fixés sur l'objet de sa contemplation.

Au total, on faisait le vrai siège du bailli Baudricourt près de qui sa propre femme insistait en lui citant la prophétie de l'enchanteur Merlin, confirmée récemment par Marie d'Avignon.

Sans prétendre céder, le bailli se décida cependant à donner quelque satisfaction à ses administrées. Accompagné du curé Fournier, celui-ci portant son étole et son goupillon, Baudricourt se rendit chez le charron, et Fournier se livra aux pratiques ordinaires de l'exorcisme. C'est ainsi que les cas relevant aujourd'hui de la Faculté de médecine ressortaient alors de celle de théologie.

Le curé l'adjurant dit à Jeanne : « Si tu es chose mauvaise, éloigne-toi de nous ; si tu es chose bonne, approche. » Jeanne se traîna vers le prêtre et resta à ses genoux, toujours conformément à la pratique ; toutefois elle dit après la scène, à la charronne que le curé n'avait pas bien fait, vu qu'il la connaissait, l'ayant ouïe en confession.

Le duc de Lorraine mande Jeanne

Cette scène n'avait pas du tout convaincu Baudricourt, et Jeanne eût peut-être continué à se morfondre vainement si le Gouvernement n'avait jugé que l'action étant devenue possible et urgente, aucun moyen ne devait plus être négligé, aucune offre repoussée. Si la défaite de la Journée des Harengs ne devait pas influer sur la campagne finale, elle n'en avait pas moins eu un douloureux retentissement. D'autre part, et devant influer sur les décisions des gens à qui s'adressait Jeanne, Baudricourt avait compris qu'un autre événement fâcheux s'était produit le 9 février touchant directement la famille dont la jeune fille était serve et tenait le parti.

Défendre Orléans était d'autant plus populaire en Barrois que dans la ville assiégée se trouvait le bâtard de Bar, l'allié par conséquent du duc de Lorraine et de Yolande de Sicile ; car à cette époque les bâtards, témoin celui d'Orléans, faisaient partie de la famille officielle.

Or le 9 février, ledit bâtard de Bar allant en excursion vers Blois et avec seulement quelques hommes était tombé dans un parti anglais, avait été fait prisonnier et enfermé dans une forteresse voisine...

En conséquence, Jeanne reçut avis que le duc de Lorraine voulait la voir ; un sauf-conduit lui fut délivré ; l'oncle Laxart l'accompagna un bout de chemin, et elle se rendit près du duc qui, bien que malade, la reçut et lui fit des questions à la suite desquelles, en politique habile, il jugea que la voyante pouvait être utilisée.

On en avait jugé de même à Chinon. Yolande de Sicile et le duc d'Alençon étaient très au courant des entrevues de Marie de Maillé avec un monarque précédent ; l'élément qu'apportait la nouvelle voyante n'était pas à négliger en ce temps où les armées marchaient ayant en tête des cortèges de prêtres avec des croix et des bannières. Ainsi le maréchal de Rais se faisait précéder par toute une procession mystique, ce qui, d'ailleurs, ne l'empêchait pas d'être le plus horrible criminel et débauché de ces siècles de cruauté. Mais bien que sa série de crimes fût dès longtemps commencée lors de l'expédition d'Orléans et du voyage à Reims, ce fut dans son cortège religieux que fut placée Jeanne avec sa bannière regardée comme talisman, conformément à la prophétie de Merlin connue des conseillers du roi comme de tout le monde et trouvée « ès anciens livres de France » comme suit :

> Voici qu'à bien tourne la guerre
> Quand pucelle porte bannière.

Un écuyer du roi vient chercher Jeanne

Une voyante s'annonçait, point femme comme Catherine de la Rochelle, mais pucelle, condition grave en l'affaire. Sur les premiers renseignements reçus on décida de la faire venir, de l'examiner et de l'engager, si le résultat de l'examen y portait.

On envoya donc pour chercher Jeanne, et la garder dans sa venue, un écuyer royal, Colet de Vienne, qui trouva ladite pucelle de retour à Vaucouleurs, prête à partir avec ses deux frères, auxquels se joignirent deux hommes d'armes. Jean de Metz et Bertrand de Poulengy, « aventuriers, dit le savant Directeur de l'école des Chartes, Quicherat, qui se souciaient peu de risquer leur vie à ce jeu ou à un autre ».

« Jean de Metz et moi, a déposé ultérieurement Bertrand de Poulengy, nous fîmes tant, avec l'aide d'autres gens de Vaucouleurs, que Jeanne quitta ses vêtements de femme qui étaient de couleur rouge, et que nous lui procurâmes une tunique et des vêtements d'homme, des éperons, des guêtres, une épée et tout ce qui s'ensuit, ainsi qu'un cheval. »

L'odyssée de la voyante commençait ; mais la série de ses déboires ne faisait que continuer. entretenue qu'elle sera sans cesse, en raison du malentendu qui ne pouvait manquer de se produire et devait rester permanent entre Jeanne et ses employeurs.

Toute à ses voix échos de sa passion agitante, de son tempérament de combat, de ses inexpériences d'enfant, de ses croyances fétichistes, Jeanne s'en allait droit devant elle, en miraculée, en prétendue envoyée de la puissance suprême, avec la conviction par conséquent de sa propre toute-puissance à elle. Chargée par ses voix d'opérer des miracles en faveur du roi et du duc d'Orléans, elle ne comprendrait rien aux précautions, aux atermoiements, aux doutes, aux examens, aux savants plans de campagne, à la tactique des capitaines, à la direction des affaires que le Grand Conseil n'entendrait pas du tout remettre aux mains de la naïve paysanne ; et elle allait souffrir de se voir reléguée au rang de comparse quand elle croirait devoir diriger, commander, conduire, être tout.

Déjà elle avait souffert des doutes de Baudricourt ; et bien qu'inexpérimentée, elle avait dû penser que les quatre francs, avec peut-être un cheval, que lui avait donnés le duc de Lorraine n'étaient guère en rapport avec l'estime qu'elle avait d'elle-même, fille que saint Michel ne dédaignait pas de visiter.

Le voyage à Chinon.

A peu près équipée, la petite caravane se mit en route ; et Jeanne débuta par montrer tant de fougue et d'imprudence que ses conducteurs se demandèrent s'ils n'avaient pas simplement affaire à une folle, faillirent l'abandonner et songèrent même à lui faire pis.

Cependant les choses s'arrangèrent, grâce sans doute à la présence des deux frères, et en tout cas, à celle de Colet de Vienne qui expressément envoyé par le roi pour ramener la pucelle devait tâcher de remplir sa mission. Jeanne eût voulu qu'on allât de jour : on marcha la nuit ;

au reste les communications étaient assez sûres par ces pays, et il suffisait des quelques précautions qui furent prises pour éviter les fâcheuses rencontres. On arriva donc sans difficultés au village de Sainte-Catherine de Fierbois où Jeanne, quelque peu privée de messes pendant le voyage, en entendit plusieurs et se tint en longues contemplations dans l'église dédiée à la bienheureuse Catherine, sa patronne.

Entre temps, on avait écrit au roi pour faire savoir l'arrivée, demander par conséquent audience, et annoncer que Jeanne se faisait forte comme preuve de ses qualités de voyante, de reconnaître le roi sans l'avoir jamais vu.

Le rituel des voyantes.

C'était en effet un article du rituel des voyantes. Ainsi en 1460, Charles VII visité par une voyante du Mans la soumettra à cette épreuve, dont elle se tirera d'ailleurs. Jeanne se conformait à la coutume comme elle l'avait déjà fait lors de sa première visite à Baudricourt, que, sans l'avoir jamais vu, elle avait reconnu. C'était l'enfance de l'art.

La petite caravane parvint le 6 mars à Chinon ; mais Jeanne dut attendre deux jours bien longs avant d'être reçue. On la logea chez une bonne femme qui, devant coucher avec elle, était chargée d'épier les secrets de son corps, ce qui était facile puisque les gens dormaient alors entièrement nus ; d'autres gens devaient également l'espionner, étudier ses attitudes. Si les voyantes avaient leur rituel, l'Eglise avait aussi le sien, et ce n'était qu'après maintes épreuves qu'elle donnait l'estampille. Il fallait d'abord savoir si le diable n'avait pas mis sur la peau ses stigmates, et si dans les oraisons ne perçaient pas quelques-unes de ces formules caractéristiques d'un pacte avec les puissances d'enfer.

Rien d'infernal n'ayant été aperçu à cet examen préventif, le Grand Conseil envoya des délégués demander à la voyante le but de son voyage. Elle commença par refuser de répondre là-dessus à personne sinon au roi ; mais elle finit par céder, et obéissant aux deux grandes préoccupations du moment, qui obsédaient son cerveau comme celui de tout le monde, elle insista spécialement sur la levée du siège d'Orléans et sur le sacre du roi ; non pas que les préoccupations de ses rêves hallucinatoires s'en tinssent à ces deux points, car dans sa courte carrière de femme militaire, elle aura bien d'autres projets, songeant tantôt à passer en Angleterre pour délivrer le duc d'Orléans, tantôt à exterminer les Hussites pour les punir de leur hérésie, tantôt à demander au roi d'Angleterre lui-même de faire la paix pour s'en aller avec elle conquérir Jérusalem.

Elle déclara aux envoyés de Charles VII de France qu'elle était envoyée vers lui par le Roi du Ciel qui communiquait avec elle par l'intermédiaire de saint Michel entouré de ses légions d'anges, par l'intermédiaire de sainte Marguerite et de sainte Catherine.

Comme ses descriptions étaient bien conformes à l'image que le fétichisme catholique se formait des habitants du paradis ; comme les prétendus dires de ces personnages étaient flatteurs pour le parti du roi qui se trouvait ainsi être bien en cour près du sire de là-haut, et comme l'étrangeté des attitudes extatiques de Jeanne était une marque de sa sincérité, le Grand Conseil décida enfin qu'elle serait admise en la présence de Charles VII.

Les longues heures d'attente avaient exalté l'imagination de la jeune paysanne qui, se rendant à l'entrevue, se trouva en pleine crise dès le départ de la maison de son hôtesse.

Son œil fasciné croyait voir un ange magnifique vêtu d'une longue robe à traîne et porteur d'une riche couronne. Le corps tendu, le regard fixe, elle suivait cet ange qui pour elle était son guide. A l'entrée au château on la fit attendre ; et elle ne se douta guère qu'à ce moment il était encore question de ne pas la recevoir : l'ange attendait comme elle, elle était tranquille Enfin elle fut invitée à pénétrer dans la pièce où se tenait le roi entouré de seigneurs et de membres du Conseil.

Les rêveurs éveillés ne voient pas seulement les objets de leur songe : ils distinguent aussi et même étonnamment les objets réels qu'ils ont devant les yeux. Toujours précédée de son ange, Jeanne qui avait la physionomie de Charles profondément gravée dans l'entendement, alla droit vers le roi, sachant d'ailleurs d'avance qu'il ne serait pas à sa vraie place mais que, selon la coutume, il se serait mêlé aux seigneurs et aux courtisans.

Jeanne aborda Charles avec les marques d'humilité qu'on lui avait enseigné être de bienséance devant les hauts personnages, et elle s'inclina d'autant plus profondément que son extase lui montrait l'ange tenant au-dessus de la tête royale la magnifique couronne qu'il portait à la main, et qu'elle s'inclinait par conséquent également devant l'ange. Quant à l'assurance durant l'entretien, on comprendra que la jeune fille ne s'en départit pas un instant, puisque son guide mystique était là comme encouragement et surtout parce que, dans sa naïveté, elle s'imaginait, elle, voyante, que, dans cette grave circonstance, le roi et son Conseil voyaient l'ange tout aussi bien qu'elle-même.

Sa croyance était que ses visions se montraient souvent à elle toute seule ; mais parfois aussi à d'autres là présents.

Une concurrente de Jeanne.

A ces créations fictives de cerveaux fonctionnant anormalement, le moyen âge accordait en effet une extériorité réelle, et la visionnaire doutait moins que personne de cette extériorité. Il y eut à ce sujet une bien curieuse épreuve à laquelle Jeanne se livra quand elle se trouva dans l'armée en face de quelques autres voyantes, parmi lesquelles Catherine de la Rochelle, qui lui faisait spécialement concurrence par les avis qu'elle aussi prétendait avoir à donner au roi de la part de Dieu.

Dieu ne descendant jamais lui-même du ciel, l'intermédiaire entre lui et Catherine de la Rochelle était une dame blanche qui la visitait souvent la nuit.

Les courtisans, les chefs de guerre et le roi lui-même ne refusaient pas plus de croire à la dame de Catherine qu'aux voix de Jeanne ; mais cette pauvre Jeanne était souvent bien marrie, contredite qu'elle était par Catherine.

Elles obéissaient en effet à deux inspirations différentes. A l'époque où se produisaient ces scènes de concurrence mystique, c'est-à-dire l'été de 1429, Jeanne avait été accaparée par le parti de la guerre, le parti du duc d'Alençon, le parti qui réagissait contre l'avènement de la royauté bourgeoise, le parti réactionnaire de la noblesse expirante, ce parti qui devait faire la Praguerie et obliger Charles VII à retarder de près de dix ans l'expulsion définitive des Anglais. Catherine subissait, elle, l'influence des politiques et demandait qu'on fît la paix avec le duc de Bourgogne. C'était la pensée de Regnault de Chartres, dè Gaucourt et de beaucoup d'autres, qui n'avaient jamais cessé de négocier pour détacher le duc bourguignon de l'alliance anglaise, sachant que la guerre civile éteinte entre le roi et Philippe le Bon, c'était l'Anglais perdu.

Jeanne, fille loyale, ne laissait pas que d'être troublée par l'idée de cette dame blanche envoyée de Dieu comme ses saintes à elle, et qui disait tout autre chose ; elle voulut en avoir le cœur net et proposa à Catherine de coucher avec elle. Jeanne était convaincue que lorsque la dame blanche viendrait dans la chambre se montrer à Catherine, elle, Jeanne, la verrait également.

Par malheur la dame blanche de Catherine était naturellement un pur rêve de la bonne femme, comme la visite des saintes était un pur rêve de Jeanne. Lorsque dans la nuit Catherine dit à sa compagne : « Voici la dame blanche, » Jeanne répondit : « Tu mens, car je ne la vois pas, » et, en conséquence, elle déclara toujours, même aux juges de Rouen, que la dame blanche de Catherine était menterie. Les juges de Rouen lui dirent aussi à elle que ses saintes étaient imposture, en quoi ils témoignèrent envers la Pucelle de la même ignorance qu'avait montrée celle-ci envers Catherine. Les hallucinés ne sont pas des imposteurs, ils sont des malades, simplement ; et quand, pendant son procès, Jeanne affirmera que le jour où elle fut présentée au roi à Chinon, il y avait dans la salle un ange porteur d'une couronne, elle dira ce qu'elle croira fermement avoir été la vérité.

Suspicions.

Certes, son cerveau eut, pendant cette présentation, la sensation de la présence d'un ange ; mais comme ledit ange était absent du cerveau des assistants, Jeanne ne produisit pas sur l'assemblée tout l'effet qu'elle en espérait : elle étonna, mais sans convaincre ; elle fut sympathique, s'étant présentée honnêtement quoique avec sa simplicité un peu rude de paysanne ignorante, mais la réalisation de ses désirs n'en fut pas immédiatement avancée, et pendant les jours qui suivirent c'est à peine si on lui accorda quelque attention.

Les gens du Gouvernement qui jouaient depuis des années une politique serrée, circonspecte, laissant le moins possible au hasard, hésitaient à favoriser une entreprise où la superstition, toujours aveugle, prenant grande place, contrecarrerait peut-être la méticulosité de leur tactique et de leurs calculs.

Et certaines paroles de la jeune envoyée des soi-disant puissances surnaturelles n'avaient pas dû être sans jeter un peu de froid parmi les conseillers royaux, en révélant très nettement qu'elle était surtout inspirée par les doctrines envahissantes de l'Eglise.

Jeanne l'avait dit à Baudricourt, elle le dit également au roi la recevant à Chinon : Elle se croyait envoyée par son Dieu pour délivrer le royaume, mais ce Dieu y mettant une sorte de condition ; le roi était auparavant invité à faire hommage de ce royaume au sire de là-haut, de le lui remettre « en commande » comme faisait le vassal envers son suzerain ; alors Dieu garantirait au roi la tranquille possession de son domaine, comme faisaient les suzerains envers leurs vassaux.

En exprimant ces idées, Jeanne se heurtait à une politique qui avait au contraire pour but l'affranchissement total du pouvoir royal. La royauté, grandissante parce qu'elle s'appuyait sur la bourgeoisie, ne pouvait plus se faire vassale de personne, pas plus d'une féodalité religieuse que de la féodalité des seigneurs, et loin de vouloir se soumettre à l'état ecclésiastique, les conseillers de Charles VII songeaient plutôt à lui échapper, à soumettre le pouvoir spirituel au temporel, l'Eglise au Roi.

Jeanne et la petite troupe de ses conducteurs furent donc désappointés pendant d'assez longs jours après la réception au château. Le roi les délaissait manifestement. Aucun moyen cependant n'était négligé pour empêcher l'oubli. Quand le roi et ses courtisans étaient dans la prairie, on voyait Jeanne courir à cheval, la lance en main, prouvant ainsi son aptitude aux services de guerre. Mais le parti des politiques ne la rappelait toujours point.

En revanche, le parti de Yolande, qui avait décidé de sa venue, n'abandonnait pas la partie. On l'entourait de conseils ; on allait la voir à son logis, et l'on en sortait répandant l'émerveillement produit par ses attitudes pieuses, et les larmes qu'elle répandait pendant ses prières extatiques. Ces larmes sont en effet caractéristiques de la fin de la crise dans les névroses même non convulsives. D'autre part, pendant le voyage même de la petite caravane, la nouvelle s'était répandue parmi les assiégés orléanais qu'une pucelle venait vers eux. Le bon peuple qui croyait sincèrement à l'ancienne légende que, du temps

des Huns, Orléans avait été une première fois sauvegardé par des miracles ; ce bon peuple, surtout en sa
portion ignorante et passionnelle, vit dans cette venue
un semblable secours surnaturel, étant donné surtout
que les deux saints d'Orléans, Aignan et Euverte, jouis-
saient au paradis d'une grande considération.

Jeanne est admise aux épreuves.

Quand Jeanne parvint à Chinon, il s'y trouvait précisément des députés d'Orléans venus pour renseigner, sur
les nécessités de la ville, les conseillers du roi qui travaillaient à l'organisation de l'armée de secours destinée
à faire lever le siège. Ces députés demandèrent qu'on
utilisât la jeune paysanne. Finalement, les partisans de
cette utilisation obtinrent que Jeanne serait admise à la
seconde des épreuves classiques imposées aux voyantes,
lesquelles étaient tenues de dire, à la personne à qui elles
étaient envoyées, un secret, une révélation, qui répondit
toujours à quelque vive préoccupation du consultant.

Aujourd'hui encore les somnambules qui restent
comme une survivance de ces coutumes du moyen âge,
donnent au visiteur un gage de lucidité portant sur quelque chagrin ou sentiment.

Quand la dame de Maillé avait visité Charles VI, elle
s'était fort bien tirée de l'épreuve du secret. « Quant à
ce qu'elle lui dit, a rapporté le chroniqueur, le Roi seul
après Dieu en a conservé le secret ».

Ce secret était le signe de la mission. Cette tradition
était d'ailleurs très ancienne ; elle était dans la coutume
des sibylles antiques dont nos somnambules sont des cor-

tinuatrices dégénérées, et quand l'ange de la Bible avait envoyé Gédéon vers le vainqueur des Hébreux, il lui avait procuré un signe. Nous avons nous-mêmes nos mots d'ordre, de passe, de ralliement; jadis, on utilisait des morceaux d'anneaux qui devaient se compléter, et des sociétés secrètes se sont servi de morceaux de mouchoirs à raccorder.

Jeanne dit le secret comme l'avait dit la dame de Maillé. Quoi? on ne sait au juste; mais si, comme les chroniqueurs l'ont rapporté longtemps après, il a été question des doutes qui, à bon droit, tourmentaient Charles sur sa qualité de vrai fils de Charles VI, il est évident que le roi dut savoir gré à la jeune fille de lui avoir affirmé cette légitimité.

Mais quel qu'ait été le propos tenu, il ne devait pas suffire pour décider les conseillers à mettre aux mains de Jeanne la bannière talisman.

Jeanne est reconnue pucelle et engagée.

Il fallait encore établir la qualité de pucelle.

Pour ce faire, on envoya des personnes avisées et prudentes procéder à une enquête à Domrémy et tous endroits où la jeune fille avait demeuré. Rien de suspect ne fut et ne pouvait être découvert.

On convint cependant de procéder à l'examen direct et des dames furent chargées de ce soin. Il ne faut point s'étonner qu'on ait ainsi insisté sur ce caractère physique. Il avait grande importance à l'égard des croyances superstitieuses du moyen âge. La question qui restait posée n'était pas tant de savoir si Jeanne était vraiment voyante. chose commune et admise facilement, que de savoir si les voix émanaient du paradis ou de l'enfer, de Dieu ou du Diable.

Or, selon la tradition, quand le Diable se mettait en rapport avec une jeune fille, il commençait par la déflorer. Jeanne trouvée pucelle, ses voix ne pouvaient être de l'enfer ; elle ne pouvait être un suppôt du démon.

« Fut donc, a témoigné d'Aulon, icelle Pucelle baillée à la royne de Cécile (Sicile), mère de la royne, notre souveraine dame, et à certaines dames étant avec elle, par lesquelles icelle Pucelle fut veue, visitée et secrètement regardée et examinée ès secrètes parties de son corps ; mais après ce qu'ils eurent veu et regardé tout ce que faisait à regarder en ce cas, ladicte dame dit et relata au Roy qu'elle et ses dictes dames trouvaient certainement que c'était une vraye et entière pucelle, en laquelle n'apparoissait aucune corruption ni violence. »

Quelques historiens ont élevé des doutes sur la virginité de Jeanne, mais à grand tort : tous les témoignages s'accordent sur ce point.

« Plusieurs fois, a déclaré Marguerite la Touroulde, j'ai vu Jeanne au bain ou à l'étuve ; autant que j'ai pu en juger, je ne doute pas qu'elle ne fût vierge. »

Et elle l'était encore quand, prisonnière de guerre elle subit à Rouen son procès en matière de foi, et ce fut une des raisons qui portèrent les juges à modérer la sentence « en deçà de la mort ».

Voici ce qu'en a témoigné le médecin Delachambre qui avait soigné Jeanne au temps de ce procès de Rouen.

« On m'a aussi raconté que Jeanne avait été visitée pour savoir si oui ou non, elle était vierge, et qu'elle fut trouvée telle. Personnellement, je le sais, autant que mon art m'a permis d'en juger. » Le texte latin, est assez concluant à ce sujet : « Et scit, ipse loquens, prout percipere potuit secundum artem medicinæ, quod erat incorrupta et virgo, quia eam vidi quasi nudam, cum visitaret eam de quadam infirmitáte et palpavit in renibus, et erat multum stricta quantum percipere potuit ex aspectu ».

À Jeanne, trouvée pucelle, on pouvait confier une bannière, et le Grand Conseil de Charles VII décida enfin qu'elle serait engagée et mise en œuvre ; mais ce ne fut pas sans l'avoir soumise à maints interrogatoires de nombreux docteurs et pris l'avis officiel de la Faculté de théologie.

Le roi s'étant rendu de Chinon à Poitiers, Jeanne avait été emmenée ; la tradition voulait qu'elle fût soumise à cette épreuve des interrogatoires et qu'elle étonnât des docteurs, comme on lisait dans l'évangile et dans les vies des saints, que Jésus-Christ et sainte Marguerite en avaient confondus. Il en fut comme voulait la tradition.

Retraite des Bourguignons.

Pendant tous ces préliminaires, les jours, les semaines s'étaient écoulés, remplis d'activité par les organisateurs de l'armée de secours. Les ressources avaient été assurées, les concours acquis, les provisions réunies, les capitaines équipés, les vassaux de la couronne convoqués.

On se sentait prêt, quand arriva la réjouissante nouvelle qu'il n'y avait plus devant Orléans qu'un adversaire ; que le duc de Bourgogne avait rappelé jusqu'au dernier de ses hommes, que les Anglais, impuissants, ne sortaient plus de leurs bastilles, après avoir dû abandonner les travaux d'investissement.

Avant cette nouvelle les Français avaient au cœur l'espoir ; elle reçue, ils eurent la certitude du succès.

Cette retraite des Bourguignons s'était effectuée le 17 avril, marquant non une victoire des armes, mais un triomphe de l'habile politique suivie avec tant de ténacité par le parti bourgeois du Conseil du roi.

Les bourgeois d'Orléans en avaient été en cette circonstance les agents ; ils y gagnèrent la délivrance de leur cité.

De même que Louis XI ne fut pas le premier roi des bourgeois, de même il ne fut pas le premier à appliquer avantageusement la devise : diviser pour régner. Le gouvernement de Charles VII en fit sa règle de conduite, et ce soin de n'avoir, si possible, qu'un adversaire à la fois fut un puissant élément de la révolution qu'accomplit alors à son profit la royauté.

En attendant de détacher tout à fait, par le traité de 1435, le duc de Bourgogne du parti anglais, les diplomates du parti français s'ingénièrent, au moment du grand effort de 1429, à transformer en conflit aigu la sourde rivalité savamment entretenue depuis plusieurs années entre les chefs anglais et le chef bourguignon.

Tandis qu'ils faisaient de leur mieux pour organiser leur armée, les Français manœuvraient d'autre part à désorganiser les forces ennemies.

Mais pour l'aboutissement des préparatifs et des pourparlers, une chose était indispensable, le temps, et la constance des Orléanais pouvait seule donner ce temps.

Constance des Orléanais.

Cette constance fut admirable. Ni la déconvenue de la Journée des harengs, ni la disparition du duc de Clermont, ni l'arrivée du convoi et des renforts anglais amenés par Falstaff, ni la perspective d'avoir à soutenir presque seuls le siège pendant peut-être deux mois ne purent faire mollir les assiégés, qui du reste, au point de vue matériel, ne manquèrent jamais de rien, des convois de vivres pénétrant sans cesse pour subvenir aux besoins des trente mille personnes enfermées dans le formidable quadrilatère.

Ayant mission de tenir les assiégeants en respect, les Orléanais s'en acquittèrent avec entrain, courage, voire même bonne humeur, et ils riaient de grand cœur à la vue des pauvres gros boulets anglais, qui, partis des Tourelles, semblaient lancés par des canons poussifs et s'en venaient choir dans l'eau, au pied des murs, ou heurter sans force ces murailles invulnérables.

En revanche, il fallait voir la bonne besogne des projectiles lancés par les grosses bombardes et les gros canons de la ville.

Les uns allaient occire les ennemis jusque dans l'île Charlemagne et détruire leurs travaux ; d'autres renversaient, le 27 février, tout un pan de mur des Tourelles ; et la grosse coulevrine de Jean de Lorraine n'était pas en reste, elle, qui placée sur la pile du pont, au boulevard de la Belle-Croix, avait auparavant enlevé le toit et le comble des dites Tourelles.

Il leur en fit des misères, aux Anglais, ce Jean de Lorraine, de son vrai nom Jean de Montesclère, avec cette sorte de longs fusils qu'il déplaçait à volonté et qui lançaient leurs balles de plomb avec une effrayante précision. Non seulement il tuait aux assiégeants leurs plus vaillants combattants, mais il se moquait d'eux. Quand les ennemis avaient dirigé contre lui leur tir, il tombait, faisant le mort et les autres poussaient de grands cris de joie ; mais bientôt maître Jean reparaissait d'autre côté et recommençait son terrible feu.

C'est lui qui décidera de la journée des Augustins, et ce seront, tout le temps du siège, les canons perfectionnés et bien chargés de la ville qui sauvegarderont les Orléanais durant l'attente de l'armée de secours. Les Anglais en firent une dernière expérience le 20 février. Estimant les assiégés démoralisés à la suite de la Journée des harengs, ils avaient pensé à utiliser les renforts de Falstaff et tenté de s'approcher des murs. La réponse n'avait point langui. Elle avait dit : jusqu'à portée de canon peut-être ; plus près, non.

Et encore les ennemis n'étaient-ils pas en sûreté, même dans leurs retranchements ; car la garnison et le peuple faisaient de fréquentes sorties et assiégeaient dans leurs bastilles les assiégeants.

Succès orléanais

Ces escarmouches, qui cependant se faisaient généralement en grand désordre, tournaient presque toujours à l'avantage des Orléanais.

Peu de jours se passaient sans quelqu'un de ces faits d'armes dans lesquels les assiégés prouvaient leur courage et les assiégeants leur faiblesse. Ainsi, les Orléanais enregistraient des succès importants le 3, le 4, le 5, le 12, le 16 avril ; mais le plus considérable avait été remporté le 3 mars.

A cette époque, les assiégeants tentaient encore d'accroître l'investissement, sachant bien qu'ils n'avaient plus de chance que dans l'affamement : mais de leur côté, les Orléanais savaient également qu'ils leur fallait empêcher cet investissement, et le 3 mars ils démontrèrent victorieusement à leurs ennemis que non seulement ils étaient inattaquables dans leur cité, mais qu'ils ne toléreraient pas qu'on essayât de les y enfermer. Ces braves citoyens s'en allèrent donc battre les Anglais en train de relier par une tranchée la bastille Pouair et le boulevard de la Croix boissée. La victoire fut complète, les travaux anglais furent détruits, la tranchée fut remplie pour ne plus s'ouvrir.

L'entrée d'Orléans, soit par eau, soit par terre, resta donc absolument libre jusqu'à la fin du siège, les émissaires purent toujours en sortir comme il leur plut et les soldats et les convois y pénétrer à volonté. La bastille Saint-Loup achevée par les assiégeants le 10 mars, et située sur la rive droite de la Loire à l'Est de la ville, ne pouvait être un obstacle à cette liberté ; car aucun travail ne la relia jamais avec la bastille Pouair, située au Nord-Ouest, à plus d'une lieue de distance, de façon que sur ce vaste intervalle il n'y eut à aucun moment d'occupation anglaise. Quant à la bastille Saint-Jean-le-Blanc, achevée à l'époque du départ des Bourguignons, et qui fut le dernier effort des Anglais pour l'investissement, elle se trouvait sur la rive gauche, non loin des Tourelles et ne fut jamais qu'un poste d'observation, d'où les Anglais s'enfuyaient de suite pour se replier sur les Tourelles dès qu'ils apercevaient un attroupement français.

Ayant ainsi tenu les ennemis en respect pendant plus de deux mois, et conservé leurs libres communications, les Orléanais qui, il ne faut pas l'oublier, avaient pour gouverneur le sire de Gaucourt, un des membres les plus influents du Grand Conseil du roi et des plus dévoués au parti de la politique et de la diplomatie, les Orléanais virent aboutir, le 17 avril, les manœuvres de cette diplomatie.

Ambassade au Duc de Bourgogne.

La consigne étant, dès le début de temporiser, les Orléanais avaient, même avant la Journée des harengs, entretenu des pourparlers avec les assiégeants, leur remontrant combien il était mal à eux de vouloir prendre sa ville au noble duc contre lequel ils ne pouvaient avoir aucun grief, ni être en guerre, puisqu'il était retenu en Angleterre depuis près de quinze ans ; l'équité était donc pour les Anglais de s'en aller et de permettre aux bonnes gens d'Orléans de garder sa bonne ville à leur duc, en attendant une rançon qui lui rendît la liberté.

Aux plaintes, doléances et remontrances, les Anglais faisaient, on le conçoit, sourde oreille, mais les Orléanais avaient néanmoins obtenu ce résultat d'établir leur bon droit, et ils se trouvaient dès lors en situation de se tourner vers le duc de Bourgogne, en s'appuyant sur la même argumentation, ce qu'ils ne manquèrent pas de faire, dès que la Journée des harengs eut démontré

que le siège durerait plus longtemps qu'on n'avait
d'abord supposé.

On envoya donc au duc de Bourgogne, qui avait sur
les bras ses affaires de Hollande, une députation
d'Orléanais conduits par Pothon de Xaintrailles, qui
connaissait le duc.

Celui-ci reçut magnifiquement les députés, leur fit
grande fête et les garda de longs jours pendant lesquels
ils purent lui représenter l'injustice du siège. Ce fut
d'abord l'antienne auparavant dite aux Anglais, mais
répétée avec aussi peu de succès. Le Bourguignon, pas
plus que les Anglais, n'était sensible aux belles protestations de sentiment. Mais il commença à voir plus clair
quand les députés lui insinuèrent que si les Orléanais
devaient se résoudre à passer sous un nouveau seigneur,
ils aimeraient beaucoup mieux être dorénavant à lui,
Philippe le Bon, cousin de leur duc prisonnier, que
d'appartenir aux Anglais.

C'était une riante perspective pour le duc de Bourgogne que la possibilité de posséder une aussi forte et
grande ville aux confins même des domaines royaux.
Aussi comprit-il incontinent toute l'excellence des raisons à lui développées par les députés, contre la possession anglaise, et il se chargea d'en faire part à ses alliés.

Il se fit, près de ceux-ci, interprète éloquent, leur
disant qu'en effet ils avaient tort de pousser ce siège au
mépris des conventions antérieures, et que le mieux
serait de renoncer à une entreprise condamnable ; mais
que si cependant les Anglais trouvaient qu'il y avait
danger à laisser Orléans au duc héritier présomptif de
la couronne, qui en effet pourrait favoriser les vues de
Charles VII, il y avait un excellent moyen de conjurer
ce danger. Ce moyen était simplement de remettre la

ville entre ses mains à lui, duc de Bourgogne, allié des Anglais, lesquels seraient alors assurés de voir l'Orléanais soustrait à l'influence du roi français.

Diviser pour rester libres.

Diviser pour régner était la tactique du gouvernement français ; diviser pour rester libres avait été le résultat obtenu par les députés orléanais. L'orage était déchaîné ; la querelle qui grondait sourdement depuis des années éclatait ; Anglais et Bourguignons se jetèrent à la face les reproches les plus violents ; un membre du Conseil anglais dit « qu'il ne fallait pas que le roi d'Angleterre mâchât les morceaux pour les voir avaler par un autre ». Finalement, le duc de Bourgogne déclara que ce siège était injuste, qu'il ne voulait pas y participer plus longtemps, et il rappela son monde, c'est-à-dire qu'il affaiblit de près de deux mille combattants l'armée assiégeante, qui se trouva dès ce jour réduite à ne plus pouvoir sortir de ses bastilles.

Quand se produisit cette retraite des Bourguignons, la situation des Anglais, qui était déjà lamentable, au point de vue des provisions de bouche et de combat, put être tenue pour complètement désespérée. Ils manquaient de tout. Dès le 3 mars, le roi anglais avait été obligé « pour la conduite et entretenement du siège d'Orléans et non ailleure » de lever un emprunt forcé d'un quartier d'année de gages sur tous les officiers, de quelque état que ce fut. Les assiégeants n'osaient plus mettre la charge nécessaire de poudre dans leurs canons déjà si inoffensifs, et leur faiblesse était irrémédiablement accrue encore par la nécessité où ils avaient été de se fractionner en troupes infimes, chacune d'elle devant faire office de garnison dans une bastille séparée.

Ils possédaient onze de ces ouvrages de siège, boulevarts compris ; dans un des plus importants, la bastille Saint-Loup, ils n'avaient pu mettre que trois cents hommes à peine ; la bastille des Augustins en contenait moins encore et les Tourelles ne comptaient pas plus de cinq cents défenseurs. Ce sont ces poignées d'hommes, qui, l'une après l'autre, complètement isolées de leurs co-assiégeants, auront à lutter contre toutes les forces que contiendra Orléans à la date du 4 mai.

Forces des assiégés.

Et ces forces furent considérables ; car on sait déjà que du commencement de mars au 17 avril, il s'était passé peu de jours sans l'arrivée de quelque renfort, si bien que dès le 18, les Bourguignons à peine partis, les Orléanais avaient pris l'offensive et étaient allés battre les Anglais jusque dans leur camp de Saint-Laurent.

Le départ des Bourguignons étant comme le signal de l'action décisive, le Bâtard mande aux capitaines des forteresses d'alentour de se jeter dans la ville, qui compte déjà un garnison imposante, plus tous les hommes valides parmi cette population héroïque comptant trente mille habitants et réfugiés.

A l'appel du Bâtard les renforts se succèdent ; et ce sont, ceux qui arrivent alors, des guerriers éprouvés, de ceux-là qui ont été formés pour la guerre de partisans menée depuis des années, qui ont vu l'Anglais face à face, qui l'ont combattu par ruses et par force, et qui ne savent plus être vaincus par lui.

Le 24 entre le Bâtard de Mesqueran avec sa compagnie.

Le 26 arrive Alain Girou avec cent hommes.

Le 27 viennent ceux de Beaune-la-Rolande.

Le 28 sont accueillis avec transport quatre cents nouveaux arrivants conduits par Florent d'Illiers et le le frère de La Hire. Ce jour-là, les Anglais, qui font semblant de vouloir sortir de quelque bastille, sont rudement rabroués.

Les milices municipales ne manquent pas non plus au rendez-vous ; de toutes parts elles étaient accourues, et le 4 décembre elles sont prêtes à combattre, y compris les quatre cents hommes de Châteaudun, qui était déjà une cité vaillante, y compris les hommes de Montargis qui apportent avec leur concours effectif, leur exemple : car peu de temps auparavant, ils ont fait fuir les Anglais.

Orléans était déjà ainsi abondamment pourvu quand arriva la puissante armée que le Grand Conseil avait mis plus de deux mois à organiser. force nouvelle qui doublait d'un coup les forces déjà formidables de la ville.

La Compagnie de Jeanne.

Orléans s'était, quatre longs mois durant, courageusement défendu ; l'heure de la récompense avait sonné ; on allait attaquer, on allait vaincre et les Orléanais seraient délivrés.

La ville de Blois avait été fixée comme point de concentration des troupes et du convoi destinés, par le Grand Conseil, au ravitaillement d'Orléans et à la levée du siège. Tout se trouva être prêt quand se retirèrent les Bourguignons, coïncidence non étonnante, eu égard aux intelligences que le Grand Conseil avait toujours conservées près du duc de Bourgogne.

Il n'y avait donc plus qu'à prendre les dernières mesures, à hâter l'arrivée de ceux qui n'avaient pas encore rejoint le gros de la troupe, et à préparer le départ. Une des délibérations du Grand Conseil ayant décidé que Jeanne pouvait être employée, celle-ci et ses quelques compagnons furent dirigés d'abord de Chinon sur Tours, où ils furent dès le 20. Là, Jeanne dut encore compter avec l'Église, et une fois de plus des docteurs furent chargés de l'interroger. Ils ne virent en elle rien de contraire à la foi ni aux traditions ; ils citèrent comme précédents les histoires d'Achaz et de Gédéon, et conclurent que la délibération du Grand Conseil pouvait être exécutée sans danger d'hérésie.

Les gens du roi s'occupèrent donc de mettre la Pucelle en état de jouer son rôle en organisant sa compagnie ; et il n'y avait plus grand'chose à faire à ce propos ; car la famille de la jeune fille s'en était déjà sérieusement occupée.

Nous possédons en effet une déposition de Jean Pasquerel, fort explicite sur ce dernier point.

Ce Jean Pasquerel était un moine :

« Quand j'ai eu, dit-il, pour la première fois, des nouvelles de Jeanne et de sa venue à la cour, j'étais au village d'Auché (près Chinon) où se trouvait la mère de Jeanne, ainsi que quelques-uns de ceux qui l'avaient menée au roi. Étant entrés en connaissance avec moi, ils me dirent : « Il faut venir avec nous près de Jeanne, nous ne vous lâcherons que quand nous vous aurons conduit près d'elle. » Je vins donc avec eux à Chinon, puis à Tours.

« A Tours, Jeanne demeurait pour lors dans la maison de Jean Dupuy, bourgeois de la ville. C'est en ce logis que nous la trouvâmes. Mes compagnons lui dirent : « Jeanne, nous vous avons amené ce bon père. Quand vous le connaîtrez bien, vous l'aimerez bien ». Jeanne leur répondit : « Le bon père me rend bien contente. J'ai entendu parler de lui et dès demain je veux me confesser à lui. » Le lendemain je l'ouïs en confession et je chantai la messe devant elle. Depuis cette heure j'ai toujours suivi Jeanne et je n'ai cessé d'être son chapelain jusqu'à Compiègne. »

Le moine était un des éléments constitutifs des armées ; chaque capitaine en enrôlait un ou plusieurs pour être de sa compagnie ; le maréchal de Rais en avait tout une troupe, et la compagnie de Jeanne, pour petite qu'elle soit, en compte au moins deux sans compter l'émissaire Richard, qui eut tout ce monde, voyants et moines mendiants sous sa direction ; car au bon Jean Pasquerel, qui avait promis à la mère Romée de veiller sur sa fille, on adjoignit Nicolas Romée, cousin germain de Jeanne, religieux profès de l'ordre de Cîteaux. Ce milieu familial montre combien il a été naturel pour Jeanne de refléter dans tous ses actes et paroles, soit au village, soit durant ses campagnes, soit pendant son procès, la manière de penser et d'agir des religieux mendiants, cette chevalerie errante qui servait Charles VII parce que l'Université, partie adverse, servait les Anglo-bourguignons.

Équipement de Jeanne.

Il ne restait donc guère qu'à équiper Jeanne, puisque son monde s'était recruté de lui-même. On leur adjoignit simplement une sorte de surveillant, d'Aulon, homme de confiance, chargé de sa garde, plus un petit page, Louis de Contes, enfant de quatorze ans. La compagnie de Jeanne en effet, d'après sa propre déclaration au procès, ne se composa jamais que de deux ou trois lances, c'est-à-dire au maximum une quinzaine d'hommes, parmi lesquels ceux qui comptaient étaient ses deux frères, d'Aulon, Bertrand de Poulengy et Jean de Metz.

Ce dernier était le chef; comme il appert des livres de comptes royaux, où il est écrit :

« A Jehan de Metz, escuier, la somme de cent livres pour le deffray de luy et autres gens de la compagnie de la Pucelle, n'aguières venue par devers le roy, notre sire, du Barrois, des frais qu'ils ont faiz en la ville de Chinon, et qu'il leur convient faire au voyage qu'ils ont entencion de faire pour servir icelluy seigneur en l'armée par luy ordonnée pour le secours d'Orléans ; laquelle somme a été octroyée par lettres du roy du xxiᵉ jour d'avril mil ccccxxix. »

Cet octroi de 100 livres peut paraître maigre, si l'on songe que le même trésor payait 7850 livres pour la garniture d'une « salade » et l'orfèvrerie d'une huque italienne à l'usage du roi ; mais on consacra spécialement à l'équipement de la compagnie une somme qu'il est bon de noter, car elle apparaît comme l'équivalent pécuniaire de l'importance à ce moment attribuée au rôle confié à Jeanne et aux siens.

Voici l'attribution de cette autre somme :

« Aux personnes ci-après nommées, la somme de 450 livres tournois qui au mois d'avril MCCCCXXIX, après Pâques, de l'ordonnance et commandement du roy, notre sire, a été payée et baillée par ledit trésorier Raymond Raguier ; c'est assavoir : à Jehan de Mès pour la dépence de la Pucelle 200 livres tournois ; au maistre armeurier pour un harnois complet pour la dicte pucelle, 100 livres tournois ; audit Jehan de Metz et son compaignon pour luy aider à avoir des harnois pour eulx armer et habiller, pour estre en la compagnie de ladicte pucelle, 125 livres tournois ; et à Hauves Pouloir, peintre demeurant à Tours, pour avoir paint et baillé étoffes pour ung grant estandart et un petit pour la Pucelle, 25 livres tournois. »

Demande de Jeanne repoussée par la Ville de Tours.

Soit dit en passant, c'est à propos de ce peintre de bannières que, bien que ce fût après les faits d'Orléans et du sacre, Jeanne éprouva de la Ville de Tours un refus à une demande qu'elle avait fait formuler par lettre.

Un des registres de Tours porte à ce sujet que le Conseil de la ville s'est réuni le 9 janvier 1430 et le 7 février. « Par les élus de la ville a été délibéré, qu'à la fille de Hauves Pouloir, peintre, pour l'honneur de Jehanne la Pucelle venue en ce royaume devers le roi pour le fait de la guerre, disant à lui avoir été envoyée

de par le roi du ciel contre les Anglais ennemis de ce
royaume, laquelle a écrit à la ville que pour le mariage
de ladicte fille, icelle ville lui paie la somme de
cent écus ; que, de ce, rien ne lui sera payé, pour ce que
les deniers de la ville convient employer aux répara-
tions de la ville et non ailleurs ; mais pour l'amour et
honneur de ladicte Pucelle, les gens d'église, bourgeois
et habitants, feront honneur à ladicte fille à sa bénédic-
tion. » Il fut donné à la mariée pour ses noces un
setier de froment et quatre jattes de vin, libéralité qui
coûta à la ville 4 livres 10 sols tournois.

La bannière talisman et l'épée de Fierbois.

Cette bannière avait été très soignée. Outre de nombreux anges en forme humaine, Hauves Pouloir y avait
peint Dieu le père assis sur des nuages, et y avait tracé
les mots Jhesus Maria, qui étaient et sont restés comme
le signe de ralliement des ordres religieux. Jeanne attachait beaucoup d'importance à la possession de cette
bannière, puisqu'elle se souvint si vivement du peintre
qui l'avait exécutée. Les superstitieuses idées de
talismans, de *labarum* étaient en effet un des lots du
moyen âge, et notre temps lui-même n'en est pas encore
totalement dégagé.

Avec les « estendarts » c'était aux épées que s'atta-
chaient aussi des grâces spéciales. Jeanne désira donc
une épée mystique, et elle demanda qu'on allât lui en
chercher une que parmi plusieurs autres elle avait remarquée, par terre, dans l'église, pendant son séjour à
Sainte-Catherine de Fierbois.

Et elle l'avait remarquée spécialement parce que cette épée était ornée de cinq petites croix, ou plutôt cinq petites épées en forme de croix, rappelant ainsi l'anneau au moyen duquel Jeanne provoquait ses visions, par convergence des yeux, et qui portait également des petites croix.

Jeanne, de meilleure foi que ses chroniqueurs, a dit que cette épée avait été trouvée *in terrâ*, c'est-à-dire par terre, soit devant, soit derrière l'autel, où pendant des journées entières elle s'était agenouillée. On a depuis crié au miracle sur cette épée, oubliant que toutes les églises d'alors en possédaient à foison, puisque les guerriers blessés et guéris se faisaient un devoir religieux de suspendre dans un temple du voisinage les armes par eux portées au moment de leur blessure. Ainsi Jeanne elle-même, atteinte dans les fossés de Paris, déposa ses armes dans l'église Saint-Denis.

Cette pauvre épée du miracle paraît avoir eu une triste fin. Elle était si rouillée qu'on eut bien du mal à lui donner du brillant; mais on ne put lui rendre aucune solidité. Il arriva que pendant le voyage qui suivit la campagne de la Loire, Jeanne aperçut un jour deux femmes de mauvaise vie, de ces filles folles de leur corps qui suivaient en nombre les armées. Jeanne dont la vertu était très démonstrative, et qui n'était pas la douce et mièvre beauté qu'on nous a peinte, sculptée et décrite en dépit de la vérité, Jeanne se mit à courir sus à ces deux filles; car elle ne se gênait pas, selon son expression, pour donner « de bons buffes et de bons torchons »; et elle frappa si rudement sur ces deux dos fuyants qu'en ce dur et impur contact se brisa net l'épée du miracle. Oncques ne put-on la recoller. Elle fut remplacée par une arme plus sérieuse, plus apte aux bons buffes et bons torchons, provenant de la dépouille d'un défunt bourguignon.

Pour compléter l'équipement de Jeanne, on lui fit faire un vêtement à la livrée du duc d'Orléans, que portaient toutes les troupes au service de celui-ci, et le trésor royal lui octroya deux chevaux, de ces chevaux courtauds comme on en fournissait aux archers, qui coûtèrent, l'un 38 livres 10 sols, et l'autre 137 livres 10 sols.

Il y avait loin de compte avec le prix des deux chevaux également donnés au Bâtard d'Orléans, celui qui sera le comte de Dunois à partir de 1439.

Ces deux chevaux avaient été payés l'un gris, 5200, l'autre, fauve, 8700 livres.

Ce rapprochement doit être fait, car il est un élément de comparaison des rôles respectivement attribués aux deux personnages par le Grand Conseil, metteur en œuvre souverain et judicieux de toute cette campagne, une des plus intelligemment menées que l'Histoire puisse enregistrer.

Tous les concours acceptés.

En désorganisant, en vue de cette campagne décisive, les forces ennemies ; en cimentant à nouveau les alliances depuis des années préparées ou déjà conclues ; en soumettant à la même direction l'élément seigneurial et la puissance nouvelle des bourgeois ; en provoquant, de la part des villes, les envois d'argent, de poudre, de milices ; en engageant Villadrando et ses dix mille hommes, pour faire diversion dans le Sud-Est ; en plaçant au rang de combat toute cette nouvelle armée de la nouvelle tactique qui avait tâté et vaincu l'Anglais dans d'innombrables escarmouches ; en confiant la conduite de cette armée à des hommes parfois véritables bandits, mais redoutables et rusés capitaines, comme le maréchal Gilles de Rais, comme le maréchal de Boussac, comme l'amiral de Cullant, comme La Hire, comme Pothon de Xaintrailles, comme le commandeur de Giresme, comme Villars, sénéchal de Beaucaire, comme Ambroise de Loré, comme le seigneur de Graville, comme le Bourg de Masqueren, comme Thibault de Tarmes, comme les sires de Guitry, de Courray, d'Hilliers, de Villiers, de Chailly et tant d'autres ; en disant au tenace Gaucourt : venge-toi de tes treize années de prison ; en disant au brillant Bâtard d'Orléans : sauvegarde le domaine de ton père captif ; en leur fournissant plus d'un mois de vivres, de munitions et plus de dix mille hommes de solides troupes ; en engageant le maître canonnier Jean de Lorraine, le Grand Conseil avait prouvé combien il lui importait de mettre au service de sa politique tous les éléments possibles de puissance militaire.

En faisant grande place aux moines, aux chapelains et aumôniers ; en acceptant et recherchant le concours religieux et diplomatique des religieux mendiants ; en ouvrant les rangs des troupes expéditionnaires aux voyantes ; en engageant Jeanne la Pucelle, il prouva qu'il tenait également à se mettre en bons termes avec les personnages occultes, sur l'action desquels certains esprits déjà éclairés pouvaient concevoir des doutes, mais tout en se conformant extérieurement aux doctrines du clergé et aux superstitions de la portion ignorante de la population, qu'il eût été fort inhabile de contrecarrer.

Mais il est à peine besoin d'ajouter que si le Grand Conseil englobait l'élément monacal dans le cortège de ses armées, il n'entrait nullement dans ses vues de confier à cet élément la direction d'opérations préparées de longue main, prévues dans tous leurs détails, et connues seulement par ceux à qui en incombait l'exécution, c'est-à-dire par le Grand Conseil lui-même, par Gilles de Rais et autres importants capitaines de l'armée de secours, enfin, par les chefs de la garnison et de la cité d'Orléans, et, avant tous, par Gaucourt, gouverneur de la ville et membre du Grand Conseil.

Jeanne trompée.

De Tours, Jeanne et ses compagnons, équipés, furent dirigés sur Blois, placés dans le cortège mystique sous la conduite du maréchal de Rais, et la puissante armée convoyeuse, forte de près de 12.000 hommes, escortant les nombreux bateaux chargés de munitions, se mit en route sous le commandement militaire du maréchal de Rais, et sous la direction réelle du membre le plus important du Grand Conseil, Regnault de Chartres, archevêque de Reims.

« Le jour où on quitta Blois, dit Jean Pasquerel, Jeanne fit rassembler tous les prêtres. La bannière en tête, ils ouvrirent la marche. Les hommes d'armes suivaient. Le cortège sortit de la ville par le côté de la Sologne, en chantant *Veni creator spiritus* et plusieurs autres antiennes. »

Là était bien le rôle que le Grand Conseil avait réservé à la Pucelle. « Chaque jour, dit le même Pasquerel, les prêtres se réunissaient autour de cette bannière, une fois le matin et une fois le soir, et chantaient des antiennes et des hymnes en l'honneur de la bienheureuse Vierge Marie. Jeanne était avec eux ; mais elle ne voulait pas permettre qu'aucun des hommes d'armes y fût admis qu'il n'eût confessé ce jour-là, et elle les avisait tous de se confesser pour venir à la réunion, vu que tous les prêtres qui en étaient se tenaient prêts à entendre tout pénitent de bonne volonté. »

Voilà qui allait bien, et Jeanne marchait joyeuse, au plein accomplissement de sa passion, encouragée par ses visions et pleine d'illusions, se figurant, la pauvrette, qu'elle conduisait l'armée selon l'ordre de ses voix.

Aussi un gros chagrin la prit-elle quand, après trois jours de marche, on arriva en vue d'Orléans et qu'elle aperçut, non pas sur la rive gauche comme on le lui avait fait croire, mais sur le rive droite, la ville où elle s'était figuré qu'on allait entrer tout d'un trait sans plus de précautions.

Elle vit qu'on s'était moqué d'elle, entra en violente colère et pleura ; mais il advint comme toujours, à la suite de ces expansions, qu'elle oublia vite et se prêta, après avoir un instant résisté, à ce qu'on attendait d'elle, c'est-à-dire qu'elle entrerait à Orléans, tandis que le gros de l'armée, qui avait rempli son rôle de convoyeur, retournerait, lui, passer le pont de Blois pour revenir cette fois par la rive droite, n'ayant plus à craindre pour les provisions.

Le convoyage des vivres.

En se révoltant contre la marche très sage adoptée, Jeanne ignorait que cette marche avait été réglée d'avance avec les habitants d'Orléans.

Ceux-ci avaient reçu mission d'amener à l'est, en amont de leur ville, en face de Chécy, hors de la portée de la bastille Saint-Loup, de grands bateaux plats de transbordement, sur lesquels on devait charger le contenu des bateaux de transport venus de Blois, sous la surveillance des troupes. Le convoyage eût été absolument impossible par la rive droite, puisque c'était sur cette rive qu'à l'ouest de la ville était établi le gros des Anglais, retranchés dans leur camp Saint-Laurent et dans les bastilles élevées, lors de la tentative d'investissement, jusqu'à la porte de Paris.

Quand l'armée revint après avoir été passer le pont de Blois, elle put cette fois prendre par le Nord, puisqu'elle n'avait plus à suivre le fleuve, n'ayant plus de bateaux à surveiller. Il lui fut dès lors facile de tourner les bastilles anglaises, et, par le vaste espace de plus d'une lieue toujours resté libre entre la bastille Pouair et la bastille Saint-Loup, de pénétrer dans la ville pour opérer la délivrance, après avoir, par l'autre rive, assuré le ravitaillement.

Dans cette première opération, les Orléanais s'étaient montrés, comme toujours, fidèles au rendez-vous, le 29 avril.

A peine l'armée convoyeuse avait-elle fait halte en face de Chécy, qu'on avait vu arriver, remontant le courant,

facilement poussés par le vent, puisqu'ils étaient vides,
les grands bateaux de transbordement, lesquels incontinent furent remplis de vivres et n'eurent, bien chargés,
qu'à se laisser aller au fil de l'eau pour regagner la
ville.

Les Anglais qui, sitôt le convoi signalé, s'étaient
enfuis de Saint-Jean-le-Blanc, durent assister impuissants à cette démonstration, présage de leur prochaine
défaite. Toute l'armée française, échelonnée sur le
rivage tenait en respect leurs garnisons de la rive gauche. De l'autre côté, à Chécy, l'armée orléanaise parait
à toute surprise, et les milices se livraient du côté de
l'Ouest à une diversion destinée à occuper les ennemis,
tandis que d'autres troupes se tenaient toutes prêtes, en
cas de nécessité, pour une autre diversion sur la bastille Saint-Loup.

Le ravitaillement terminé sans aucune difficulté,
l'armée se préparant à gagner l'autre rive par le
pont de Blois, le Bâtard, qui avait dirigé les Orléanais dans l'aide à donner au ravitaillement, demanda
qu'on fit pénétrer Jeanne de suite dans la ville, pour
faire prendre patience aux bonnes gens en attendant le
retour de l'armée.

Entrée de Jeanne à Orléans.

Comme mention en est faite plus haut, Jeanne, qui
venait déjà d'avoir une vive altercation avec le Bâtard,
parce qu'il avait fait venir l'armée par la rive gauche,
opposa une nouvelle résistance à ce désir ; elle ne voulait pas quitter sa bannière, ni ses prêtres ; mais elle céda

et on la transporta sur l'autre rive, comme toujours avec ses frères. Mais avant de la mener dans la ville, on attendit la nuit, pour plus de sûreté.

Alors on la conduisit, dit le *Journal du siège*, « jusques auprès de la porte Regnart, en l'hostel de Jacques Boucher, pour lors thrésorier du duc d'Orléans, où elle fut reçue à très grand joye avec ses deux frères et les deux gentilhommes et leurs valets, qui étaient venus avec eux du pays de Barrois ».

La « joye » était d'autant plus grande que les vivres amenés par eau se trouvaient entrés également, et que Dunois avait détaché du gros de l'armée, et fait pénétrer dans Orléans, non seulement Jeanne, ses frères et ses autres compagnons, mais aussi trois cents lances, c'est-à-dire quinze cents hommes, respectable renfort, garantie sérieuse contre tout coup de main *in extremis*, d'ailleurs improbable de la part des Anglais avant le retour du gros de l'armée.

Celle-ci en effet attendue, seulement pour le 4 mai, devait mettre le comble à la puissance orléanaise, tant par les milliers d'hommes dont elle se composait, que par le nouveau convoi de munitions encore préparé à Blois et qu'elle devait ramener, cette fois par voie de terre, au moyen de chariots.

La joie était si grande que certains voulurent en faire part de suite aux Anglais, en repoussant vivement sous leurs bastilles de l'Ouest ceux qui, le lendemain de l'arrivée du convoi dans le but de se rendre compte de la situation, s'étaient quelque peu aventurés du côté de la ville.

Jeanne n'a pas de commandement.

Cette action préliminaire, sorte d'entrée de jeu, avait été engagée surtout par La Hire et les 400 hommes d'armes de Châteaudun, arrivés le 28 et qui avaient déjà eu le temps de se reposer, et elle l'avait été, comme le sera d'ailleurs, le 4 mai, celle de Saint-Loup, sans que Jeanne en eût été nullement avisée, de sorte que ce jour-là 30 avril, elle était restée complètement au logis pendant la bataille, laquelle d'ailleurs n'avait pas dépassé les limites d'une leçon à l'ennemi trop curieux.

L'ignorance dans laquelle on laissait Jeanne sur les opérations de guerre, tenait à ce qu'on n'avait nullement entendu l'engager comme chef de guerre ; et à ce propos, il convient d'étendre à toutes les campagnes qu'elle fit avant d'avoir quitté le roi les lignes suivantes, d'un auteur qui, malgré sa foi souvent aveugle en face de la légende, a au moins en cette circonstance ouvert les yeux à la vérité.

« Quoi qu'en aient prétendu, dit M. Boucher de Molandon, quelques écrivains modernes, induits, paraît-il, en erreur par quelques vagues traditions et quelques expressions mal interprétées des chroniques, Jeanne en cette expédition n'eut réellement aucun commandement effectif. »

« De fait, ajoute-t-il, au cours de ce premier fait d'armes, aucun compte ne fut jamais tenu ni de ses désirs, ni de ses avis. »

C'est l'équivoque plus haut signalée. Jeanne s'était mise en route comme guerrière et on l'avait prise comme voyante ; on en avait fait une compagne des prêtres et elle en avait été enchantée ; mais on n'en n'avait pas fait le chef des soldats, ce qui l'avait fort chagrinée, quelque compensation qu'elle cherchât dans une sorte de commandement mystique qui ne gênait d'ailleurs pas les capitaines ; on l'employait comme appoint religieux, on lui faisait jouer les rôles de héraut des puissances occultes, mais on lui refusait la direction des forces terrestres ; on lui avait fourni une armure, mais non une armée.

Les femmes guerrières.

On n'avait, du reste, nullement trouvé étrange qu'elle voulût se mêler aux soldats, en habits guerriers. C'était alors la coutume de quantité de femmes, lesquelles s'habillaient en pages, suivaient dans les armées leurs maris, leurs amants et partageaient leurs dangers. Les femmes guerrières étaient fort communes. Au siège d'Orléans même les femmes s'étaient distinguées ; dans la guerre des Hussites, les femmes se battaient comme les hommes ; Jeanne de Flandre, l'héroïne d'Hennebon, et Jeanne de Pentbièvre s'étaient illustrées, et c'était une femme habillée en homme, la comtesse Jacqueline de Brabant, épouse de Glocester, qui menait en ce moment rude guerre contre le duc de Bourgogne, tellement que celui-ci avait dû porter toute son attention et tous ses efforts sur ses possessions hollandaises, au grand profit du parti français, et pour la grande facilité de la défense d'Orléans.

On avait donc accepté Jeanne, même pour la mêlée, où elle se lançait enthousiaste, exaltée, extatique, son pannouceau en main, tandis que quelque homme de guerre de sa compagnie tenait la grande bannière; mais on ne la prévenait pas de ces mêlées ; elle pouvait venir, mais on ne l'appelait pas ; ses conseils n'influaient en rien sur les délibérations des chefs ; ceux-ci l'avaient accueillie, mais, en fait de guerre, agissaient comme si elle n'eût point été là, respectueux des prétendues puissances surnaturelles, mais organisant soigneusement la force des compagnies terrestres et l'efficacité des coulevrines et canons.

C'était à quoi s'étaient ingéniés les Orléanais depuis quinze années, à quoi s'étaient consacrées la royauté et la bourgeoisie depuis la mort de Charles VI, à quoi s'était encore plus passionnément attaché le Grand Conseil depuis qu'il avait décidé de créer et de mettre en œuvre l'armée de Blois, tellement que tout ce que contenait Orléans au commencement de mai, peuple, bourgeois, milices des villes, soldats, capitaines, n'attendait plus que le retour de cette armée pour démontrer aux Anglais que le parti français n'avait pas travaillé vainement.

Arrivée de l'armée de Blois.

Le Bâtard partit d'Orléans le 1er mai pour aller au devant de cette armée de Blois et guider son retour quand il aurait choisi les compagnies dont il était besoin.

Il convenait, en effet, de ne pas trop encombrer cette cité de mille mètres en longueur, sur moins de cinq cent mètres en largeur, où les défenseurs étaient entrés si nombreux qu'ils commençaient à avoir peine à s'y mouvoir.

8.

Aussi était-on décidé à mener vivement les opérations. Quant au résultat, on en doutait si peu que le Bâtard signant un reçu de six cents livres tournois pour ses hommes, dit que c'est afin d'attendre le retour de l'armée de Blois venant « pour lever le siège ».

Durant cette attente, Jeanne, tenue par la superstition populaire pour une miraculée, accomplissait ce pourquoi on l'avait engagée. Elle se montrait aux bonnes gens de la ville, qui ne pouvaient se lasser de la voir, se pressaient autour d'elle, l'acclamaient, baisaient ses vêtements. Mais surtout elle passait son temps à faire des sommations aux ennemis comme c'était alors la mode.

L'usage de la poudre n'était point encore en effet assez ancien pour avoir déjà transformé les coutumes guerrières, le combat restait encore, comme dans l'antiquité, précédé de sommations, de défis, soit par lettres, soit par paroles, où la vantardise se mêlait à force menaces et injures. C'était une survivance des mœurs sauvages, où les guerriers poussent de grands cris et se donnent des airs effrayants en vue de terroriser leurs adversaires.

Les clercs fabriquaient, en conséquence, des lettres qu'on adressait aux Anglais au nom de la Pucelle, laquelle d'ailleurs ne savait ni lire ni écrire et était bien, au témoignage unanime de tous ceux qui l'ont connue, la plus ignorante et la plus simple du monde. Ces lettres sommaient, au nom du roi du ciel, les Anglais d'avoir à déguerpir, sans quoi on en ferait « ung si grant hahay » qu'on n'en aurait pas vu de pareil en France depuis mille ans.

Pour toute réponse les Anglais gardaient les messagers, ou bien quand Jeanne s'approchait en personne de leurs boulevarts pour leur adresser des sommations verbales, ils lui ripostaient par des grossièretés. Ainsi arriva-t-il, entre autres occasions, quand au retour de l'armée de Blois, elle alla leur crier de se retirer.

C'était le 4 mai. L'armée de secours avait fait la plus vive diligence, puisqu'en cinq jours elle avait parcouru deux fois le chemin entre Orléans et Blois.

Ce matin du 4, l'armée n'avait pas plus tôt été signalée que la garnison orléanaise, milices comprises ainsi que Jeanne, étaient sorties pour faire diversion et tenir les Anglais en respect ; mesure fort inutile, car les ennemis ne songeaient guère à attaquer. Il n'y eut aucune résistance et l'on introduisit les vivres sous leurs yeux sans aucune tentative de leur part.

Attaque de la Bastille Saint-Loup pendant le sommeil de Jeanne.

L'entrée accomplie, tout le monde dîna et se restaura ; mais Jeanne, névrosée, impatiente, s'était de suite enquise près du Bâtard s'il y aurait combat, et elle s'était montrée fort courroucée de ce qu'on lui avait dit que ce ne serait pas pour ce jour-là ; elle avait donc dû se contenter d'aller faire sommation aux Anglais, à quoi ils auraient répondu en traitant les Français de « maquereaux, et mécréants ».

« Sur ce, a dit le page de Jeanne, qui a raconté cette scène, elle revint à son logis et monta dans sa chambre. »

Or, une fois de plus, on avait trompé la brave fille, et pendant qu'elle allait se coucher, on s'occupait de la prise de la bastille Saint-Loup.

D'Aulon a ainsi déposé :

« Il qui parle, lequel étoit las et travaillé, se mit sur une couchette en la chambre de ladicte pucelle pour ung peu soi reposer, et aussi se mict icelle avec sa dicte hôtesse sur ung aultre lit, pour pareillement soy dormir et reposer ; mais aussi que ledit dépposant commençoit à prendre son repos, soubdainement icelle pucelle se leva dudit lit, et en faisant grant bruit l'esveilla. Et lors lui demanda il qui parle qu'elle vouloit ; laquelle lui répondit : « En mon Dé, mon conseil m'a dit que je voise contre les Anglais ; mais je ne scay si je dois aller à leurs bastilles ou contre Falstaff, qui les doit avitailler » sur quoy se leva ledit depposant incontinent, et le plus tost qu'il peust arme ladicte pucelle. »

Ce « conseil » était simplement un de ces rapides rêves qui accompagnent le plus souvent les réveils en sursaut ; ce rêve et ce brusque réveil avaient pour cause le « grant bruit et grant cri que faisoient ceux de ladicte cité » et il n'était nullement question de Falstaff, ni de la fausse nouvelle de sa venue qui s'était répandue les jours précédents ; les Anglais exténués ne songeaient en effet plus guère à avitailler l'armée assiégeante, ni à lui porter secours. Le grand bruit et les grands cris se rapportaient à la bataille, à cette heure livrée entre les ennemis, enfermés dans la bastille Saint-Loup, et l'armée venue « pour lever le siège » et qui s'acquittait à la minute de sa mission.

Prise de la Bastille Saint-Loup.

Avec l'intelligence qui, de la part du Grand Conseil et des commandants de l'armée, ne cessa de présider aux opérations de toute cette campagne, de Blois à Reims, et qui ne se laissera pas mettre en défaut, même par les mouvements désordonnés comme celui qui sera à signaler tout à l'heure dans la matinée du 6 mai, la bastille Saint-Loup avait été jugée comme devant être la première enlevée, et rapidement.

C'était en effet le seul point de l'Est occupé par les Anglais. Une fois ceux-ci balayés de là, tout le Nord, tout l'Est, par conséquent toute la rive droite de la Loire de ce côté seraient totalement libres. Sans avoir à craindre aucune surprise ni à livrer aucun autre combat, et en utilisant la grande île aux Bœufs et quelques autres plus petites, qui formaient comme un banc de sable continu entre les deux rives du fleuve, l'armée pourrait, à volonté, passer d'un bord à l'autre, et sans même avoir besoin de garder ses derrières, s'en aller débusquer l'ennemi du fort des Tourelles, c'est-à-dire le chasser de toute la rive gauche, rétablir avec la ville les communications par le pont, c'est-à-dire en un mot lever le siège.

Le programme était donc simple, et le 4 mai, sans prendre le temps de se reposer, l'armée fut lancée contre la bastille Saint-Loup. Mais non pas à l'aveuglette. Les chefs n'avaient pas oublié leur excellent système de diversion déjà pratiqué à l'entrée des convois ; et pour amuser les Anglais qui s'agitaient autour de leur bastille Douair, on avait envoyé de ce côté, faire une démonstration, quelques excellentes compagnies emmenant avec elle la troupe des bonnes gens inexpérimentés qui auraient pu gêner du côté de Saint-Loup.

Ce furent donc de valeureuses troupes dirigées par le maréchal de Rais en personne, qui se portèrent contre cette bastille située à environ une lieue des remparts, troupes munies de toutes les ressources que les efforts du Grand Conseil et les sacrifices des Orléanais avaient mises à leur disposition.

Ces troupes trouvèrent devant elles une centaine d'hommes selon Jean Pasquerel, mais plus probablement 160, chiffre exact, lesquels étaient enfermés dans une église ruinée, sans commandement, leur capitaine étant absent, et sans espoir.

Selon certains témoignages, ils auraient même offert avant l'action de capituler, ce qui leur aurait été refusé. Alors, toute disproportionnée qu'elle était, la lutte devint fort vive ; les Anglais, qui étaient pour l'instant les assiégés, et les Français assiégeants firent preuve d'extraordinaire bravoure ; mais les Anglais réduits de plus de moitié, finalement réfugiés dans le clocher, durent céder à l'élan patriotique, au nombre écrasant, aux ressources supérieures.

Jeanne éveillée au bruit de l'action, rapidement armée, descendit de sa chambre, enfourcha un cheval, et, dit d'Aulon, « le plus droit et le plus diligemment qu'elle put tira son chemin droit à la porte de Bourgoigne, où le plus grand bruit estoit » et de là, avec son écuyer et les gens rencontrés sur la route elle continua vers la bastille attaquée.

Comme bataille, ce fut donc un fait d'armes dont l'issue ne pouvait être douteuse, et la grande sagesse des organisateurs français avait été précisément de ne rien laisser au hasard, de prendre les assiégeants à l'improviste, par morceaux, pour ainsi dire homme par homme, et de les noyer dans le flot des Français soulevés pour la délivrance.

Sage tactique méconnue.

Le lendemain, jeudi, c'était fête de l'Ascension ; on se reposa, un peu par convenance religieuse et beaucoup parce qu'on pouvait attendre avant d'attaquer du côté des Tourelles, maintenant que le chemin était ouvert, libre et sûr.

Pour la journée du vendredi, les capitaines, toujours à l'insu de Jeanne, étaient convenus d'un plan dont l'exécution devait être la garantie d'une rapide et facile victoire. Fidèles à leur système de diversion, ils lanceraient dans la direction du camp Saint-Laurent, comme ils l'avaient fait le mercredi, sur la bastille Pouair, les gens des communes, les inexpérimentés, en grande masse, y compris Jeanne, à laquelle ils avaient dit cette partie du projet. On prendrait la précaution de les encadrer parmi quelques compagnies d'hommes d'armes rompus à la tactique guerrière.

Il s'agirait d'un simple déploiement de forces, d'une démonstration, mais imposante, et en face de laquelle les Anglais n'oseraient pas distraire un seul homme pour le porter sur les bastilles de la rive gauche, à l'heure où celles-ci, surprises, se trouveraient attaquées avec la rapidité et la violence de la foudre, par les milliers de soldats éprouvés, qui avaient tous, plus ou moins, une revanche à prendre, et dont les dernières années de combats partiels avaient fait de véritables héros.

Les capitaines espéraient même que les Anglais, se croyant attaqués dans leur camp, et voyant toute chose tranquille du côté des Augustins et des Tourelles, demanderaient de ce point des renforts, ce qui faciliterait d'autant la brusque attaque contre ces bastilles.

Mais ne fût-ce que par les préparatifs matériels pour semblables dispositions, le secret ne pouvait point ne pas transpirer parmi toute cette foule de braves gens, qui, s'ils étaient inexpérimentés, n'en étaient pas moins enthousiastes, qui voulaient se battre, qui étaient déjà fort mécontents qu'on les eût envoyés le mercredi à gauche, tandis qu'on guerroyait à droite, qui ne connaissaient rien à la tactique, sinon qu'ils étaient de bonne volonté, qu'ils avaient fait serment de mourir, et qui voulaient mourir tout comme les autres.

Jeanne aux abois.

Ne comprenant pas que c'était justement là où on les envoyait qu'ils seraient utiles, ils se présentèrent le vendredi matin, et Jeanne avec eux, non point aux portes de l'Ouest, qui leur étaient assignées pour se rendre vers Saint-Laurent, mais à la porte de Bourgogne, située à l'Est près de la Loire, à la porte donnant accès aux îles qui devaient être le chemin des troupes régulières, quand elles s'élanceraient contre les bastilles de la rive gauche.

Dans la crainte de cette malencontreuse rébellion dont l'idée, elle aussi, avait transpiré, la garde de cette porte de Bourgogne avait été confiée en personne au gouverneur d'Orléans, au conseiller du Roi, le sire de Gaucourt.

Gaucourt tenta de ramener ses subordonnés à de plus justes sentiments ; mais il ne put réussir : c'était la révolte qui grondait ; Jeanne se répandait en colères, en invectives, disant qu'on passerait de gré ou de force. Alors Gaucourt, se rendant compte de tout le désastre qui pourrait résulter d'un tel conflit, prit l'habile résolution de diriger et d'endiguer tout au moins cette sortie irréfléchie à laquelle il ne pouvait plus s'opposer ; il mêla en hâte à ce peuple en cohue quelques solides hommes d'armes, pour laisser au gros de l'armée régulière le temps de se réunir et surtout de mettre en mouvement l'artillerie ; et le flot fit irruption hors de la ville. Deux bateaux plats, reliant les îles, servaient de ponts, et la foule excitée, ardente, se précipita désordonnée vers la bastille des Augustins, celle de Saint-Jean-le-Blanc ayant été évacuée par les Anglais dès le premier signal de la sortie des Orléanais.

Ignorant à quels adversaires ils avaient affaire, les Anglais s'étaient renfermés, partie aux Augustins, partie aux Tourelles.

Ils attendaient, prêts à subir l'assaut ; mais dès qu'ils reconnurent la qualité de leurs assaillants ils tentèrent, bien que n'étant qu'une poignée, une brusque sortie. La panique, accrue encore par le faux bruit que d'autres Anglais arrivaient de Saint-Laurent, se mit dans la foule qui avait passé la Loire, et cette foule fit rapidement retraite dans les îles.

Cependant, comme elle s'aperçut du petit nombre d'Anglais qu'elle avait devant elle et qu'aucun renfort ne leur arrivait, et comme, inquiétés de ce qui se passait, de nouveaux combattants commençaient à venir

9

d'Orléans,cette foule reprit assurance et fit une nouvelle charge contre les Augustins : mais devant une seconde sortie des Anglais, le désarroi fut au comble car la guerre n'étant déjà plus à cette époque une opération où suffisait le courage, « Jeanne, dit Quicherat, était aux abois ».

Prise des Augustins.

Enfin, l'armée d'Orléans ayant achevé ses préparatifs, on vit sortir de la ville les bannières des capitaines. Les acteurs changeaient. Plus de quatre mille hommes, les meilleurs de l'armée, passèrent le fleuve en bon ordre munis de canons, y compris la coulevrine de Jean de Lorraine. Les deux ou trois cents Anglais qui s'étaient aventurés hors de leur bastille, et qui en formaient d'ailleurs toute la garnison, n'avaient plus qu'à se renfermer derrière leurs boulevards, ce qu'ils firent en toute hâte, mais sans pouvoir les défendre longtemps. L'écuyer Simon Beaucroix en a ainsi témoigné :

« Incontinent, sans grande difficulté, la bastille des Augustins fut prise. »

D'Aulon a complété ce témoignage par le récit d'un épisode dont voici un passage qui donne la mesure de l'importance de ce combat, où quelques hommes seulement se trouvaient obligés de défendre tout un retranchement.

« Dit que ainsi qu'ils furent audit palis d'icelle bastille, il qui parle vit dedans ledit palis un grant, fort et puissant Anglais, bien en point et armé, lequel leur résistait tellement qu'ils ne pouvaient entrer audit palis. »

Mais il y avait maintenant une puissance nouvelle à laquelle ne pouvait plus se soustraire aucun Anglais. si grand, fort et bien en point fût-il. La déposition continue :

« Et lors, il qui parle, montra ledit Anglais à ung nommé maistre Jehan le canonnier, en lui disant qu'il tirast à icelui Anglais, car il faisoit trop grant grief, et pourtoit moult de dommage à ceulx qui vouloient approucher ladicte bastille ; et que fit ledit maistre Jehan ; car incontinent qu'il l'aperçeut. il adressa son trait vers luy, tellement qu'il le gecta mort par terre et lors lesdits deux hommes d'armes gaignièrent le passage, par lequel tous les autres de leur compagnie passèrent et entrèrent en ladicte bastille ; laquelle très aprement et à grant diligence ils assaillirent de toute part, par quel party que dedans peu de temps ils la gaignèrent et prindrent d'assault. Et là furent tuez et pris la pluspart desdits ennemis ; et ceux qui se purent sauver se retrahirent en ladicte bastille des Tourelles, étant audit pié du pont. »

Orléans formant alors, comme on sait, un quadrilatère, se trouvait libéré de tout siège sur sa face Nord et sur sa face Est ; sur le côté Sud, il ne restait d'Anglais que ceux enfermés dans la batille et le boulevards des Tourelles. Les Tourelles réoccupées par les Français, ce serait le pont redevenu libre, ce serait la ville délivrée.

Préparatifs contre les Tourelles.

Sans perdre une minute on s'occupa donc d'assiéger les Tourelles et d'en déloger les quatre à cinq cents Anglais qui y étaient enfermés.

Comme la journée était fort avancée et que les Orléanais et les chefs de l'armée avaient combiné un projet qui devait infailliblement entraîner la défaite des Anglais, on se contenta, ce soir-là, vendredi, de s'établir devant le retranchement anglais, devant lequel l'armée entière campa toute la nuit, les chefs, les prêtres et Jeanne s'étant retirés dans la ville, où Jeanne rentra à son logis pour se reposer en vue des fatigues du lendemain.

Mais dans la ville on ne se reposa guère. Ce fut toute la nuit un va-et-vient intense, affairé, entre les deux rives de la Loire ; et il est inouï ce qu'en ce laps de temps les Orléanais purent mettre à la disposition de l'armée. Il ne serait pas possible d'en donner une plus nette idée que par la mention qu'en fait le livre de comptes des procureurs de la ville :

On trouve en ce livre les dépenses faites pour transport de canons, pavas (immenses boucliers récemment inventés), échelles, planches, traits, flèches, pinces pour ébranler les pieux, crocs pour les arracher, 150 fagots « tout engraissés », 22 fers de fusées.

On paie à Jean Martin 6 s. pour 3 chevrotins blancs achetés pour faire fusée.

On paie à Jean Marigny 23 fers de fusées ; à un autre, 42 flèches et 3 trousses de flèches ; à un homme d'arme

2 lances ferrées; à Guillemin le charron, 24 lances ; à Regnault Brune, des engins d'artillerie.

On achète à Jean Maby 15 livres de résine et oing pour oindre les fagots et pour en graisser drapeaux et mettre le feu au boulevard des Tourelles.

On paie 16 s. pour avoir fait émoudre les cognées portées devant les Tourelles.

On envoie une immense quantité de poudre.

On paie 40 s. pour une grosse pièce de bois prise chez Jean Bazin « pour mettre en travers d'une des arches du pont qui fut rompu ».

On fait porter les échelles et pavas qui étaient aux Portereaux.

Par la rivière on amène des canons dont la présence est établie par la dépense ouverte pour leur déchargement.

A noter aussi les préparatifs pour le fameux bateau qui doit mettre le feu au pont, coupant ainsi la retraite aux Anglais.

Pour ce, Jean Poitevin, pêcheur, fut chargé de mettre à terre sèche un challan. Le radoubage fut fait par Bourdon. » Quand il fut radoubé, on le mit à flot, on y jeta des fagots tout engraissés de résine et d'huile, et on y mit dix livres de poudre. »

La suite montrera la besogne que fit ce « challan » aidé « d'une pièce de bois de 6 toises de long et d'un pied caffre, qui fut jeté à travers de l'arche de devant les Tourelles, pour y bouter le feu ».

A cette énumération il faut ajouter, naturellement, les immenses moyens de combat réunis depuis quinze années en prévision du siège et surtout depuis plusieurs mois que ce siège durait.

Ainsi pourvue, l'armée marcha au retranchement anglais.

« Au matin, dit le Hérault Berri, qui était jour de samedi, lesdits François passèrent derechef ladite rivière pour assaillir la bastille du pont (les Tourelles.) Et là furent le sire de Rais, le Bastard d'Orléans, le sire de Gaucourt, le seigneur de Graville, le sire de Guitry, le sire de Villars, messire Denis de Chailly, l'admiral messire Loys de Cullant, La Hire, Poton, messire Florent d'Hilliers, le Bourg de Masquaren, Thibault de Tarryes et plusieurs autres, lesquels donnèrent l'assault. »

Parmi ces autres on en comptait de tous les pays ; des Lombards amenés par le Bâtard ; des Castillans et des Aragonais, comme don Cernaz, messire Mathias et Alphonse de Partada ; des Béarnais, comme Arnauld de Coarraze et Jean Lesgot, comme La Hire lui-même ; des Lorrains, comme Jehan le canonnier ; des Barrois, comme Jeanne avec ses frères Pierre et Jean.

Qu'on joigne à cette énumération la masse des troupes et l'on aura idée de la puissance qui fondit sur l'ennemi.

Au reste, l'assaut n'eut aucunement à être donné contre la bastille elle-même. Celle-ci, en effet, était couverte en avant par un retranchement, dit boulevard, de terre et fascines, entourée d'un fossé sans eau, retranchement indépendant de la bastille en pierre et ne communiquant avec elle que par un pont-levis en bois. Ce pont-levis, qui conduisait ainsi du boulevard de terre à la bastille de pierre que les canons avaient presque mis en miettes était, lui, sur un fossé formant comme un petit bras de la Loire, rempli d'eau par conséquent. Tout entourée ainsi par ce fossé la bastille se trouvait du côté de la terre, à l'abri de l'assaut, autrement que par le pont-levis commandé par le boulevard. La première chose paraissait donc de se mettre en possession de ce boulevard et

c'est à quoi toute l'armée qui avait passé la Loire sembla
uniquement s'occuper.

L'assaut.

Et de fait l'attaque fut rudement donnée ; la bravoure
française s'en offrait à cœur joie. Jeanne, dont la bataille
était l'élément, qui ne savait rien de la guerre, sinon
qu'il fallait se précipiter en avant, Jeanne se multipliait,
encourageait, s'approchait des palissades, descendait
dans le fossé, aidait à dresser les échelles, criait courage ; et aucun soldat ni chef ne se ménageait davantage ;
car le commandant suprême, le maréchal de Rais reçut
de même que Jeanne, une blessure. Mais ni l'un ni
l'autre n'en abandonnèrent la bastille. « Je ne laissai pour
cela, a dit Jeanne à son procès, de chevaucher et de
besoigner ».

« On appliqua, a témoigné Pasquerel, sur sa blessure
de l'huile d'olive avec du lard, et ce pansement fait,
Jeanne se confessa à moi, en pleurant et en se lamen-
tant. Ensuite elle retourna derechef à l'assaut en criant :
« Clasdas, Clasdas, ren-ti, ren-ti au roi des cieux ! Tu m'as
appelée p.....; j'ai grande pitié de ton âme et de celle
des tiens. »

Ce Clasdas (Glacidas), commandant des Tourelles, qui
dirigeait la défense du boulevard assiégé, était un tenace
capitaine, quelque chose comme un Gaucourt anglais,
et qui n'entendait point se rendre. « Les Anglais, a écrit
Quicherat, n'avaient plus que des tronçons d'armes, les
munitions leur manquaient ; leurs canons, dont ils
avaient été forcés de réduire la charge, ne lançaient

depuis longtemps que des boulets inoffensifs. S'ils se montraient encore aux palissades, c'était pour détourner de l'idée de la retraite qu'ils songeaient à effectuer sur les Tourelles. »

Glacidas et les siens, ne voulant pas se rendre, comptaient en effet se renfermer dans les Tourelles, délabrées sans doute, mais entourées du fossé plein d'eau qui serait infranchissable quand le pont-levis serait levé. Mais avant de paraître ainsi fuir ils avaient voulu lutter jusqu'au dernier moment. Et ç'avait été un combat acharné pendant presque toute la journée.

Les malheureux, en pensant simplement se livrer à des prodiges de ténacité, étaient simplement tombés dans le piège tendu par les Français, qui entretenaient le combat dans le but de gagner du temps.

Ce n'était pas sans raisons que les Orléanais avaient fait réparer un grand « challan » et l'avaient fait charger de fagots, d'étoupes, de poix, de 98 livres d'huile d'olives, le tout renforcé d'une grande poutre enduite de matières inflammables ; ce n'était pas sans raison non plus qu'ils avaient amené, sur la partie du pont occupée par eux jusqu'à la bastille Saint-Antoine et le boulevard de Belle-Croix, des poutrelles et toutes choses pouvant servir à la construction rapide d'un pont volant.

Diversion des Orléanais.

Tandis que l'armée bataillait aux palissades du boulevard et y occupait les Anglais qui tous avaient laissé leur bastille et passé le pont-levis, les Orléanais travaillaient ferme de leur côté. Le plan était simple. Pour entrer par le pont de la ville, aux Tourelles, dégarnies d'Anglais, il suffisait de rétablir vivement les arches que ceux-ci avaient rompues ; des madriers suffiraient.

Durant toute la bataille, par conséquent, les Orléanais travaillaient sans crainte d'être troublés, protégés qu'ils étaient par les gros canons de la bastille Saint-Antoine et des Tours-du-Pont. Vers la fin du jour, le travail fut enfin achevé, les arches étaient recouvertes, et les troupes laissées dans la ville s'avancèrent par ce chemin improvisé, ayant à leur tête le commandant de Giresme.

Parmi les assaillants du boulevard si âprement défendu par les Anglais, bien peu naturellement étaient dans le secret, et beaucoup commençaient à se fatiguer d'une si longue lutte et doutaient même de la prise du retranchement pour ce jour-là. Jeanne elle-même s'était mise en retraite quand tout d'un coup l'ordre fut donné de retourner aux palissades, ce que fit tout le monde, Jeanne comprise. Et l'on vit les Anglais qui s'enfuyaient et enfilaient en désordre la tête du pont-levis, tandis que Glacidas, toujours ferme et gardant son sang-froid, marchait à leur arrière-garde pour protéger leur retraite.

Les Français n'eurent plus qu'à entrer ; la diversion des Orléanais avait abouti. Les Anglais voyant les Tourelles prêtes d'être occupées, c'est-à-dire se voyant perdus, n'avaient plus songé qu'à se précipiter vers leur bastille, à temps encore pour y arriver avant les Orléanais.

Orléans délivré.

Tout à coup un terrible craquement se fit entendre. C'était sur un pont brûlé que les Anglais venaient de s'engager ; sous ce pont, les Orléanais avaient amené leur bateau d'étoupe, d'huile et de poix, le tout enflammé, et pour aider au désastre, au moment où le pont était bien encore plein d'ennemis, le sénéchal de Beaucaire l'avait fait viser par une grosse bombarde, et l'énorme boulet de pierre avait brisé net ces poutres déjà consumées par le feu.

L'eau du fossé se referma sur les cadavres. Glacidas était au nombre des noyés.

Les quelques Anglais qui avaient pu déjà passer le pont durent se rendre sans retard ; et, dit le Hérault Berri, « furent que mors que prins que noyés, de quatre à cinq cents Anglais », qui était le chiffre des ennemis engagés dans cette journée des Tourelles.

A la faveur de cette diversion les assaillants du boulevard n'avaient plus eu d'autre peine que d'entrer, de jeter sur le fossé quelques madriers pour suppléer au pont brûlé et rompu, et de rejoindre ainsi leurs camarades, passés par le grand pont de dix-neuf arches, redevenu libre après un blocus de plus de six mois.

Les Anglais de la rive droite, qui pendant les deux derniers jours de combat ne s'étaient pas trouvés en état de faire une démonstration quelconque, n'avaient plus qu'à se retirer.

« Le lendemain, dit Simon Beaucaire, les gens du roi sortirent pour combattre les Anglais. Ceux-ci, à la vue des nôtres, s'enfuirent. »

La Hire et ses hommes les suivirent pendant plus de trois lieues pour se rendre compte que la retraite ne cachait aucune surprise ; ce qu'ils constatèrent et revinrent annoncer joyeusement.

La procession du 8 mai.

« Ce voyant, rapporte un chroniqueur, fut ordonné être faite une procession le huitième dudit mai, et que chacun y portât lumière et que on irait jusqu'aux Augustins et partout où avaient été les estours (combats), on y ferait station et services propices en chacun lieu, et oraisons, et les douze procureurs de la ville y auraient chacun ung sierge en leur main où seraient les armes de la ville, et qu'ils en donneraient quatre à Sainte-Croix, quatre à Saint-Euverte et quatre à Saint-Aignan, et aussi que ledit jour seraient dites vigiles audit Saint-Aignan, et seraient portées les châsses des églises, en espécial celle de monseigneur Saint-Aignan, celle de monseigneur Saint-Euverte, lesquieulx (lesquels) furent protecteurs de ladicte cité et ville d'Orléans. »

Après la victoire en effet, plusieurs personnes avaient affirmé avoir vu pendant la bataille les deux saints, en habit pontifical, apparaître au-dessus des murs de la ville d'Orléans.

Comme personne à ce moment ne songeait à attribuer la délivrance à l'unique Pucelle, on en glorifiait les patrons mystiques de la ville, et c'était en leur honneur qu'on faisait la fête qui s'appela la procession des Tourelles. Plus tard, quand la légende de Jeanne Darc se fut développée et que, d'autre part, la dignité de saint

commença à être moins révérée, le premier rôle de la
fête du 8 mai fut retiré à Saint-Euverte et à Saint-Aignan
pour être octroyé à la Pucelle, devenue l'unique libéra-
trice parce que l'enchanteur Merlin l'avait prédit.

Il a fallu arriver jusqu'à ce temps-ci pour que l'Histoire
osât dire :

En vérité, Orléans fut délivré par le patriotisme de ses
habitants, avec le concours de villes également patriotes,
et grâce à la valeur autant qu'au nombre irrésistible des
nouvelles troupes françaises munies d'invincibles canons,
parmi lesquels les coulevrines de Jean de Montesclère,
dit le Lorrain.

La victoire des puissances célestes se transforme
donc en un brillant triomphe de la mécanique ter-
restre.

Une page d'histoire

Mais si notre temps a ignoré jusqu'aujourd'hui la vérité, les contemporains et les acteurs de cette défense
héroïque la connaissaient exactement, et il nous en est
resté un témoignage dont plusieurs passages sont réellement éloquents.

Cette page d'histoire, plus touchante encore pour nous
en sa langue naïve du moyen âge, est l'ordonnance par
laquelle divers privilèges ont été accordés aux Orléanais
en récompense de leurs sacrifices. La voici en son entier.
Il est assez d'elle pour jeter pleine lumière sur les
faits :

« Charles, par la grâce de Dieu, Roy de France, savoir faisons à tous présens et advenir, Nous avoir reçeu

l'humble supplication de noz bien amez les Bourgeois et habitans de la ville d'Orléans, contenant que comme dès le commencement des divisions et guerres qui tant longuement ont duré en nostre Royaume, ils aient esté tousjours loyaulx sans varier envers nostre Couronne et Seigneurie, et à la conservation d'iceulx se seroient loyalement employez et acquictez à leur povoir, et mesmement à la garde et défense de la dite ville d'Orléans à l'encontre de noz anciens ennemys les Angloys, et dernièrement qu'ilz ont esté devant icelle assiéger, tellement que par la divine grace, et moyennant aucune puissance de noz gens, avec le bon soing, dilligence, peine, aide, secours et travail desdiz supplians, ledit siège a esté levé, et lesditz Angloys tenant ledit siège illec, et autre part presque vaincuz et desconfiz : et il soit ainsi que avant que ledit siège fust assiz et les bastides que lesdiz Angloys posèrent en plusieurs parts devant ladite ville, fussent dressées et fortifiées, lesdits supplians eussent faict abattre et tout démolir et arraser tous les forsbourgs d'icelle ville, esquels avoient plusieurs belles églises, maisons et grans édifices en grant quantité, afin que lesdits Angloys ne se y peussent loger, et aussi aparflondir et croistre les fossez et douves, emparer et fortiffier la muraille et portaulx, et faire boullevers, garnir et establir ladite ville de vivre et de tous habillements de guerre et de défense, envoyèrent messaiges à requérir et demander devers Nous et devers plusieurs villes, secours, et aydes de gens, vivres et artillerie ; et depuis tant que lesditz Angloys y ont tenu ledit siège, et durant icelluy, ayent iceux Angloys destruit leurs vignes, jardins et héritaiges de bien loing jusques auprès de ladite ville, et les ayent moult opprimez et grevez ; pour resister ausquelz Angloys ait convenu que soulz et avec les Capitaines et Gens d'armes que nous avons envoyé et faict tenir en garnison en ladite ville pour la garde et deffense d'icelle, lesdiz esposans ayent exposé leurs corps à veiller, faire guet et garde continuellement, saillir et autrement travailler, et leurs provisions de vivres, or, argent et austres choses distribuer ausditz Capitaines et Gens d'armes et de traict, en quoy ilz aient esté, et sont moult grevez, endommagez et diminuez de leurs biens et chevances, tant que à peine s'en pourroient les plusieurs d'iceulz ressourdre, si de notre grâce et libéralité ne leur estoit piteusement subvenu ou aydé, ni comme ilz dyent, requerans humblement icelles.

Pour ce est-il que Nous, ces choses considérées, la bonne et entière loyauté desdiz suppliants, les vertueulx couraige et ferme constance qu'ilz ont concordablement tenu à l'encontre de noz ennemys, leur vigoureuse résistance, ferment et bon voulloir qu'ilz ont démonstré par effect avoir eu de faire leur devoir envers Nous, leur Souverain Seigneur et à la Couronne, comme nos bons et loyaulx subgectz, considérans mesmement que ce que lesdits suppliants se sont bien et longuement tenuz à l'encontre desdiz Angloys, est presque tourné à la totale confusion de nosdiz ennemys et à l'essaussement et exaltation de Nous et de noctre faict, voullant ausdiz suppliants recongnoistre leurs diz loyaulté et bienfaict, à ce qu'ilz se esjoissent et sentent le temps advenir d'aucun loüer ou guerdon de leur bonne desserte, et que les autres, à l'exemplaire d'eulx, s'efforcent à tousjours s'acquicter et garder les loyaultez envers Nous, voullans aussi leur aider à relever de leurs grans pertes et dommages, mises, frais, despens et charges, iceulx suppliants et chacun d'eulx, et les hâbitans des forsbourgs de ladite

ville, de notre grace especial, plaine puissance et auctorité royal, avons exemptez, quictez et affranchiz, exemp-
tons, quictons et affranchissons par ces présentes, de
toutes tailles, impositions, quatriesmes, aydes, subsides,
foüages, et autres subventions quelzconques à nous oc-
troyez et à octroyer, imposez et à imposer esdictes villes
et forsbourgs pour Nous, et de toutes noz armées et
arrière-bans, et autres mandemens de gens qui seront
faictz pour et de par Nous pour faict de guerre, et de
non y aller, n'y envoyer, tant que Dieu Nous donnera
vivre et le cours de notre vie durant. Si donnons en
mandement à noz amez et feaulx les Gens tenant et qui
tiendront nostre Court de Parlement, les gens de noz
Comptes et Généraulx-Conseillers ou Commissaires sur
le faict et gouvernement de toutes nos finances, aux Es-
leuz et Commissaires sur le faict desdites aydes, et à tous
nos autres Justiciers ou Officiers, ou à leurs Lieutenans
présens et advenir, et à chacun d'eulx, si comme à luy
appartiendra, que de nos présentes graces, exemption,
quictance, affranchissement et octroy, facent, scuffre et
laissent lesdiz supplians et chacun d'eulx et les habitans
esdiz fors bourgs, joyr et user plainement et paisiblement,
sans les contraindre, molestez ou empeschez, ne souffrir
estre contrainctz, molestez ou empêchez aucunement au
contraire ; et sur ce imposons silence à nostre Procureur.

Et afin que ce soit chose ferme et estable à tousjours,
Nous avons factz mectre nostre séel ordonné en l'absence
du grant à ces présentes. Donné à Mun-sur-Eure, le sei-
zième jour de janvier l'an de grace mil quatre cent vingt-
neuf, et de nostre règne le huitième. Ainsi signé sur le
reply : Par le Roy en son Conseil, auquel l'Evesque
d'Orléans, les seigneurs d'Albret et de la Trémoille, le

Bastard d'Orléans, les Seigneurs de Trèves, d'Arpagon et de Gaucourt, et plusieurs autres estoient.

Signé : MALLIÈRE.

« Et estoient escryct au dox: *Lecta et publicata Pictavis in Parlemento, et in Registus ejusdem registrato XIX° die novembris, anno Domini millefino CCCCXXXI°.* Blois « Collation est faite. »

Les étapes de Charles VII.

A crier aux Anglais : Halte-là ! et les forcer de s'arrêter ; à leur commander ensuite : Au large ! et les mettre en retraite, la royauté nouvelle s'était affirmée, s'était affermie.

Les rois ne sont jamais que des instruments. Charles VII, le jeune roi que les partis s'étaient si longuement disputé, et qui finalement était resté aux puissances nouvelles, aux manieurs de richesses et aux manieurs de poudre ; Charles VII, à qui les Etats généraux bourgeois, le Grand Conseil et la jeune armée avaient d'année en année donné davantage de royaume ; Charles VII, qui, l'année 1422, en se proclamant vrai successeur de Charles VI n'avait semblé se livrer qu'à la platonique manifestation d'une espérance de royauté, mais à qui en sept ans il était venu l'adhésion de presque tout le pays ; Charles VII ayant déconfit les Anglais à l'occasion d'Orléans, pouvait dire à son compétiteur en bas âge, Henri VI : Je suis plus roi que toi parce que je suis plus fort.

Pour qu'il fût « le Roi » ceux qui l'avaient ainsi fait puissant n'avaient plus à lui ménager qu'une étape, celle de Reims, plus qu'une consécration, facile à obtenir maintenant qu'il avait celle de la force, la consécration de la religion qui était au moyen âge la proclamation solennelle du fait accompli.

La Loire avait été la frontière que le roi étranger n'avait pu franchir et qu'il lui fallait maintenant abandonner, tandis qu'allait la passer triomphant celui qu'on avait dérisoirement appelé le roi de Bourges, mais qui était devenu le roi de France, parce que dans un besoin de cohésion et de sécurité, la patrie naissante s'était ralliée autour de lui.

Voici le chemin : Toulouse, Orléans, Reims.

Toulouse, 1420 ; Orléans, mai 1429 ; Reims, on y sera le 16 juillet. Ce sera le Roi sacré victorieux et légitime. Occuper Paris et Rouen ne restera plus ensuite qu'affaire de patience, question de paix « à négocier avec le cousin de Bourgogne. »

Les historiens prétendent que le vœu, la prière instante de Jeanne étaient qu'on partit pour Reims dès l'issue de l'affaire d'Orléans. Il est cependant à croire, pour sa mémoire, que, malgré son inexpérience, elle n'eut pas semblable pensée, à elle prêtée sur de simples racontars.

Sans doute les Anglais s'étaient retirés d'Orléans, mais à quelques lieues seulement ; leur armée était bien en retraite, mais non en déroute, et ils occupaient encore Jargeau, Beaugency, c'est-à-dire sur la Loire des villes qui étaient comme des faubourgs d'Orléans, et qui coupaient la ligne menant des résidences royales à la ville du sacre.

Importance du sacre.

En son habituelle prévoyance, le Grand Conseil prépara ce voyage de Charles VII de façon à le rendre triomphal. À dix années de distance il s'agissait de prendre possession de l'Est, comme on avait jadis pris possession du Midi. Mais il fallait avant tout s'en procurer les moyens, dégager les rives de la Loire, disperser les Anglais et assurer, contre toute surprise, les provinces déjà recouvrées durant ces dix années de reconstitution continue.

Au reste on ne voulait s'accorder que le temps tout juste nécessaire. La consécration de la puissance religieuse était, mysticisme compris, chose trop importante alors pour qu'on ne la procurât pas à Charles VII aussitôt que possible, et il fallait arriver bon premier ; car le parti anglais n'attendait, lui aussi, qu'une occasion favorable pour faire sacrer le jeune Henri VI.

Autre raison encore : Par le sacre, le pouvoir religieux ne dirait pas seulement à Charles VII : Tu es roi ; il sanctionnerait réellement cette pensée qui a été mise par la légende sur les lèvres de la Pucelle, en ces termes expressifs, bien qu'un peu crus : « Je te dis que tu es vrai fils de roi, et non fils de p... » Le sacre lèverait tous les doutes, chez Charles lui-même et chez autrui. Les adversaires qui expliquaient leur attitude par ce doute pourraient ensuite, sans apparente palinodie, se rallier au parti victorieux, devenu légitime.

Quelqu'un, enfin, avait hâte, tout autant que la pucelle, de paraître en compagnie du roi, dans l'église rémoise de Saint-Remy.

Ce quelqu'un était archevêque de Reims depuis déjà quinze annécs; mais il ne lui avait pas encore été donné de prendre possession de sa ville archiépiscopale, ni même de la voir, et il avait grande passion de faire visite à ses ouailles si longtemps restées inconnues. Et comme c'était Regnault de Chartres, c'est-à-dire le plus puissant personnage du royaume, Président du Grand Conseil, Chancelier de France, celui qui dirigeait la politique royale, on pouvait être assuré qu'il ne négligerait rien pour accroître encore le prestige du roi en menant celui-ci à Reims en vue du sacre ; ni pour accroître son propre prestige, à lui, Regnault de Chartres, qui serait appelé, pour début de ses fonctions archiépiscopales, à sacrer un Roi.

Prise de Jargeau. Un cadeau à Jeanne.

Un mois suffit pour préparer les nouvelles opérations. On lança parmi tous les vassaux du roi encore éloignés ou hésitants des appels qui étaient en même temps l'annonce de la victoire remportée ; et comme celle-ci est véritable aimant aux dévouements retardataires, on vit bientôt accourir de toute part tant de renforts, que le Conseil en arriva à les trouver trop nombreux, et qu'il put faire son choix parmi ceux qui seraient admis à accompagner le roi, et ceux qui recevraient quelque mission de sécurité, mais à distance.

Le 10 mai, Jeanne étant avec eux, les gens du roi avaient quitté Orléans, laissant à cette brave cité, sans d'ailleurs dissoudre l'armée ni licencier la garnison, le soin d'observer les places encore occupées par les Anglais.

Le roi était à Loches ; Jeanne y fut conduite et y resta jusqu'au 6 juin, attendant le signal du départ. Pendant ce temps, d'ailleurs, les capitaines ne chômaient point totalement, et Gilles de Rais, qui continuait de tenir la campagne, prouva aux Anglais en les battant solidement à Lude, que l'ère ininterrompue des défaites était bien née pour eux.

Le 6 juin, le Conseil du roi jugea les choses à point, et sans attendre les autres renforts annoncés, et qui seraient ultérieurement utilisés pour le voyage, il donna l'ordre du départ. Nominalement, l'expédition était placée sous le commandement du brillant duc d'Alençon, à peine plus âgé que Jeanne, avec lequel celle-ci s'était de suite familiarisée. Elle l'appelait son beau duc, dans l'expansion de sa joie.

Si la brave fille avait pu se douter que ce beau duc serait plus tard condamné à mort pour crime de trahison contre la France en faveur des Anglais, elle lui eût certainement témoigné moins d'amitié.

Quant à elle, fêtée, caressée, choyée, adulée comme un porte-bonheur, elle était au comble de ses vœux, dans sa naïve inconscience de son rôle d'instrument à l'usage de la superstition populaire.

Le 10 juin on se trouva réunis à Orléans, au nombre de plus de huit mille guerriers ayant à leur tête, comme commandants effectifs, les sages et vaillants capitaines qui avaient le mois précédent refoulé les Anglais.

Le lendemain, 11, on partit pour Jargeau, mais en ayant bien soin de se munir de la formidable artillerie d'Orléans, et, ainsi armé, on arriva le soir même en vue de la ville.

Comme toujours la Hire avait pris les devants et quand le gros de l'armée le rejoignit, elle le trouva en pourparlers avec la garnison anglaise, qui offrait de rendre la place.

Mais on ne voulut pas s'être si solidement organisé et armé de tant d'artillerie pour ne point combattre, et pas plus qu'à la bastille Saint-Loup on n'admit les Anglais à délai.

Toute la nuit la bombarde Bergère et le canon Montargis battirent la muraille de leurs énormes boulets, brisèrent la grosse tour qui s'écroula, ouvrant une large brèche pour l'assaut. Les échelles furent dressées que les Anglais essayèrent bien de renverser; mais quand quelqu'un d'entre eux paraissait sur le rempart pour se livrer à cette tentative, tout de suite Jehan le canonnier, qui guettait avec son infaillible coulevrine, lui envoyait un petit boulet et l'étendait mort.

Pris entre deux attaques, car les habitants de la ville étaient de concert avec les assiégeants, les Anglais furent défaits, et Jargeau délivré, si vite que les Français, Jeanne comprise, et aussi les canons, furent de retour dès le soir à Orléans, dont les braves habitants festoyèrent avec l'armée fort gaiement.

Et comme Jeanne demeura en cette ville deux jours et y revint après Patay, les Orléanais, s'ils n'avaient pas fait en son honneur la fête du 8 mai, profitèrent de sa présence pour lui faire confectionner, au nom du duc absent dont elle portait la livrée, une robe (qui était alors un vêtement d'homme) et une huque, pour treize écus d'or, ayant, disait la commande, « considération aux bons et agréables services que la dicte Pucelle nous a faits, à l'encontre des Anglais ».

Quand le duc fut délivré, il ne paraît pas avoir attaché

autrement d'importance au rôle de Jeanne à Orléans ; car lui qui composa des ballades sur toute chose, il ne songea pas, en toute son œuvre, à dire un mot de la Pucelle.

De même que pour la délivrance d'Orléans, ce fut Gilles de Rais qui eut la plus grande part à celle de Jargeau, car le trésor royal lui remit, le 24 juin, 1.000 livres « en récompense des frais faits par lui et sa compagnie au siège de Jargeau ».

Victoire de Patay.

Ce fut ce jour-là que Jeanne rejoignit à Gien le roi qui se mettait en voyage pour Reims, puisqu'on avait continué à balayer les bords de la Loire, et l'on avait fait complètement libre le chemin.

La chose avait demandé deux jours. Les renforts n'avaient, en effet, cessé d'affluer, nombreux de plusieurs milliers d'hommes d'armes, et le 16 juin, au moment où tout le monde marchait contre Beaugency, on en avait vu venir quatre mille ensemble, bien armés et équipés, qui avaient offert leur concours.

C'était l'armée de Richemont.

Celui-ci, voulant faire sa soumission, et n'osant pas se rendre directement près du roi, était venu demander aux capitaines de le prendre dans leurs rangs pour combattre, espérant ainsi obtenir son pardon à la faveur d'un service rendu,

Cependant les capitaines avaient défense d'accepter ce concours, et plusieurs se référant à cette défense parlaient de se retirer si Richemont restait. Le parti qu'inspirait Yolande de Sicile, et qui englobait Jeanne, obtint finalement succès pour la tactique de Richemont et il fut décidé que l'on combattrait en commun.

A l'égard de Beaugency, on n'en eut pas la peine. Dès l'apparition de l'armée, les Anglais de la forteresse se rendirent contre un sauf-conduit.

Il ne restait plus, afin de les savoir le plus loin possible, qu'à faire un pas de poursuite aux débris démoralisés de l'armée qui se retiraient vers Paris sous la conduite de Falstaff.

La poursuite se termina dès le premier jour 17 juin par une surprise et une victoire.

Falstaff qui ne savait pas les Français sur ses talons avait établi son armée en ordre de marche, en laissant un grand intervalle entre le gros de ses hommes, l'avant-garde d'une part, l'arrière-garde de l'autre.

Les Français, eux, marchaient La Hire en tête et sans songer non plus à la bataille. Tout à coup, choc de l'avant-garde française contre Talbot, commandant l'arrière-garde anglaise. Celui-ci, ignorant à quel important adversaire il a affaire, commet la faute qui avait jadis plusieurs fois fait battre les seigneurs armagnacs. Les cavaliers anglais mettent pied à terre ; mais le nombre des Français augmente de moment en moment, c'est la déroute pour les 500 hommes de Talbot, qui, démontés, décimés, se mettent à battre en retraite sur le gros de l'armée continuant, lui, son mouvement, d'avance convenu. Falstaff surpris s'arrête, tente de rallier ses hommes et de faire face ; mais l'avant-garde, qui ne comprend pas, se met à fuir. Ainsi mis entre deux déroutes, les gens de Falstaff sont impuissants, et la panique aidant, accrue par la bravoure de la nombreuse armée française, la bataille de Patay est gagnée, Falstaff se réfugie à Corbeil, et le roi Charles VII peut dès lors entreprendre tranquillement son voyage pour le sacre.

L'Armée du sacre.

Les Français se trouvaient alors environ 13,000 hommes, sous la conduite de Boussac, de La Hire, de Pothon, du duc d'Alençon, l'ami de Jeanne, du Bâtard d'Orléans, du maréchal de Rais, et d'autres fameux guerriers qui pouvaient défier toute tentative contre le voyage. Aussi, de toute la route, n'aperçut-on pas un seul Anglais.

Ce voyage si décisif avait été de tout point habilement et soigneusement préparé. Si les hommes d'armes avaient mis à grand profit, pour le fait de guerre, les six semaines ayant suivi la levée du siège d'Orléans, les politiques n'avaient pas davantage perdu leur temps pour organiser les moyens de pacification.

Ils s'étaient d'abord munis d'argent. On en a besoin pour la pompe d'un sacre et aussi pour en semer sur la route. Les États-Généraux n'avaient eu garde de ne pas comprendre, et, réunis à Sully, par dame Yolande, ils avaient voté la forte somme de 300.000 livres. L'archevêque de Reims, Regnault de Chartres, Chancelier de France, allait pouvoir sacrer son Roi. Pourtant il fallait être en complète sécurité. La campagne de la Loire avait fait libre le chemin de l'Est ; mais il était bon aussi de se garer contre les ennemis et même les amis de l'Ouest et du Sud-Ouest.

On y pourvut. Le roi cessa de tenir rancune à Richemont, tout en lui enjoignant de ne pas être du voyage, et d'avoir à se faire pardonner totalement en restant vers

Lisieux, à surveiller les Anglais de la Normandie. Le cadet d'Armagnac reçut semblable mission à exercer dans les environs de Bordeaux. Quant au bandit Villadrando, il fut, avec ses 10.000 aventuriers, expédié du côté du Dauphiné, où l'on pensait avec sagesse que les Bourguignons pourraient bien tenter une diversion. Cette expédition valut au dit Villadrando l'occasion de remporter quelques mois plus tard à Authon, une grande victoire sur le prince d'Orange, qui avait voulu tâter de la diversion, et qui vit, en conséquence, son propre territoire envahi.

Donc, le 24 juin, Charles VII, venant de Sully, trouva à Gien toute l'armée de voyage réunie, et bientôt le départ se fit sous les plus encourageants auspices, puisque le 26, se trouvant du loisir, La Hire put infliger une nouvelle défaite aux ennemis en s'emparant de Bonny.

Question de sacre mise à part, tant importante fût-elle, les conseillers du roi poursuivaient par ce voyage la politique préparée depuis de longues années et inaugurée par le mariage du seigneur de Jeanne avec la fille du duc de Lorraine. Il leur importait de séparer de plus en plus les deux moitiés dont se composait le domaine bourguignon. L'alliance lorraine et barroise avait fait une partie de la besogne, le surplus serait fait dès que le pouvoir royal se serait affirmé en Champagne et que possession solide aurait été prise des importantes villes de Troyes, Châlons, Reims. Cette tactique, en outre, constituait une action méthodique, menaçante pour les Anglais, qui allaient se trouver de plus en plus refoulés de l'Est vers l'Ouest, comme ils l'avaient été du Midi sur le Nord, de sorte que les deux côtés de l'équerre se refermant sur eux les écraseraient définitivementdans le pays normand.

L'armée devant Troyes.

L'armée du sacre arriva bientôt devant Auxerre, où un petit dissentiment se produisit. Le parti des politiques qui n'oubliait jamais la paix à faire avec le duc de Bourgogne, n'entendait pas qu'on prît à celui-ci sa ville d'Auxerre ; l'autre parti voulait au contraire qu'on la forçât de se rendre, et Jeanne était avec lui, conformément au sentiment que ce parti de la guerre avait développé en elle et qu'elle exprimait par ces paroles : « Qu'on ne trouverait point de paix avec le duc, sinon par le bout de la lance. »

Finalement, l'humble maintien des habitants aidant, on passa outre ét, le 5 juillet, on arriva sans encombre en vue des murs de Troyes. Cette cité, par exemple, il fallait l'avoir. Sa possession était un des buts de l'expédition ; on y employerait s'il était nécessaire, siège et canonnade. La population le savait, d'ailleurs, car on avait eu bien soin de l'en faire informer avec détails par le bon frère Richard, ce dévoué moine qui menait la petite escouade de voyantes accompagnant l'armée, et qui était en conséquence également aumônier de Jeanne.

Le moine Richard qui arborait les emblèmes du Jhésus-Maria, et les faisait mettre en tête des lettres de Jeanne, qui prêchait les temps nouveaux, la doctrine millénaire et aussi l'avènement de Charles VIII, ce frère prêcheur avait déjà, en 1428, porté l'émotion religieuse et politique dans la ville de Troyes, laquelle était comme la pépinière des frères mendiants au service de Charles, bien qu'elle fût gardée par 600 garnisaires bou rguignons

Vingt-quatre heures tout juste avant l'apparition de l'armée royale, sur sommation précédant celle-ci, les Troyens avaient fait demander du secours au gouvernement de Henri VI, un peu tard peut-être pour que la demande fût suivie d'effet ; mais à temps cependant pour avoir prétexte honnête à se rendre, n'étant pas secourus. Car sur ce dernier point on était fixé. Au lendemain d'Orléans, Bedford lui-même, le propre régent de France pour l'Angleterre, avait imploré secours de ladite Angleterre, et le Parlement anglais n'avait rien envoyé du tout.

Le moine Richard avait donc beau jeu ; s'il s'y prenait habilement, la ville ouvrirait ses portes, avec ou sans le consentement des 600 Bourguignons.

Il était un moyen infaillible de prouver aux gens de la ville, l'excellence de la cause du roi français ; il suffisait de pouvoir promettre, au nom de ce roi, amnistie pleine et entière pour tout le passé, pour le concours fourni antérieurement aux Bourguignons, et d'y ajouter en faveur du bon peuple de la bonne ville un certain nombre de privilèges. Les émissaires ne manquèrent pas de faire le nécessaire, comme on leur en avait donné le pouvoir.

Restait à colorer l'accord d'un peu de mise en scène ; on n'y manquait jamais dans ces sortes de transactions au moyen âge. Comme on avait toujours à craindre des représailles, on s'arrangeait de façon à avoir eu la main forcée ; et c'était plus nécessaire encore dans cette affaire de Troyes, la population désireuse de se rendre étant en dissidence avec la garnison qui mettait à le faire une évidente mauvaise humeur.

A cette occasion, on fit jouer à Jeanne le rôle pour lequel on l'avait à son insu, engagée. La pensée du Grand

Conseil avait en effet toujours été d'utiliser la voyante comme une sorte de parlementaire, de héraut adressant les exhortations et les sommations de là-haut, en même temps que de par le roi. Les clercs rédigeaient en son nom des lettres, dans lesquelles elle était censée donner des espèces de consultations. Pendant son passage dans les troupes royales, on lui en rédigea ainsi pour les Anglais, pour le duc de Bourgogne, pour les gens de différentes villes et même pour les Hussites.

Jeanne menaçant les hérétiques.

Cette dernière dont le texte authentique est en latin (Jeanne écrivant le latin !) mérite d'être citée dès ici presque entière, pour bien marquer l'abus que l'on faisait de la brave fille. La traduction est de M. Joseph Fabre.

« † JÉSUS MARIE † »

« Depuis longtemps la renommée m'a appris, à moi Jeanne la Pucelle, que de vrais chrétiens vous êtes devenus hérétiques et en tout pareils aux Sarrasins, que vous avez aboli la religion et le culte véritables ; que vous avez adopté une superstition révoltante et funeste ; que vos audacieux efforts pour la protéger et l'étendre ne reculent devant aucune cruauté ni aucune infamie ; que vous souillez les sacrements de l'Eglise, déchirez les articles de notre foi, renversez les temples, brisez et livrez aux flammes les statues commémoratives des saints, enfin mettez à mort les chrétiens qui ne veulent pas adhérer à votre créance.

« Quelle est donc cette fureur, cette folie, cette rage qui vous tient? Cette foi que le Dieu tout-puissant, le Fils et le Saint-Esprit ont créée et instituée, qu'ils ont exaltée de mille manières et illustrée par mille miracles, vous, vous la persécutez; vous, vous avez dessein de la détruire et de l'exterminer. Ah! vous êtes des aveugles, à bien plus juste titre que ceux qui sont privés de la vue et de la lumière des yeux. Croyez-vous que vous demeurerez impunis? Ne savez-vous pas que Dieu laisse se développer vos scélérates menées et vous permet de durer dans les ténèbres et dans l'erreur, afin que, plus vous vous serez abandonnés à ce déchaînement de crimes et de sacrilèges, plus il vous châtie par les pires supplices?

« Quant à moi, pour vous dire sincèrement la vérité, si je n'étais occupée ici dans les guerres anglaises, je serais venue depuis longtemps vous faire visite. Mais, si je n'apprends bientôt que vous vous êtes amendés, je laisserai peut-être les Anglais et je me tournerai contre vous, afin que, par le fer, si je ne puis autrement, j'extirpe votre abominable superstition et vous arrache ou l'hérésie ou la vie. »

Troyes, Châlons, Reims ouvrent leurs portes.

A l'égard des Troyens, on ne fit pas adresser par Jeanne des sommations; mais comme il courait parmi la ville que cette Jeanne qui accompagnait l'armée française était un émissaire du Diable, on fit taire les mauvaises langues en leur démontrant le contraire péremptoirement.

Ce fut naturellement le moine Richard qui se chargea de ce soin. Il sortit solennellement de la ville, dans toute la pompe ecclésiastique et s'avança vers Jeanne en faisant force signes de croix et jetant beaucoup d'eau bénite.

On sait que l'eau bénite et les signes de croix mettaient alors en fuite les démons. Or Jeanne dit à Richard : « Approchez hardiment, je ne m'envolerai pas. » La preuve était faite.

Cependant les Troyens ne se rendirent pas pour cela; il leur fallait arguments plus terrestres.

On les leur fournit en se livrant, d'une part, à tous les préparatifs d'un siège redoutable, et en leur offrant, d'autre part, un excellent traité. Enfermée dans ce dilemme, l'Administration de la ville écouta les vœux de la population, et la royauté française compta parmi ses possessions une grande ville de plus.

Les bourgeois de Châlons, de Reims, n'attendaient que d'y être invités, pour ouvrir leurs portes à leur alliée naturelle, la royauté bourgeoise. Sans avoir eu l'occasion de marquer leur haine de l'étranger aussi âprement que les cités de Normandie et de l'Ile de France, les villes de l'Est n'en possédaient pas moins cette haine, et, par contre, aspiraient de toutes leurs sympathies à la formation de la France nouvelle, au groupement, sous une même bannière, pour une même sécurité, de tous les territoires de la vieille Gaule.

L'Est se souvenait d'avoir été le noyau de la France après la chute de l'Empire romain et accueillit avec enthousiasme ceux qui venaient la débarrasser d'une nouvelle influence étrangère.

Le 16 juillet, l'armée entrait à Châlons ; le 17 elle était à Reims, et l'on procédait au sacre immédiatement.

Le Sacre.

Dans son interrogatoire, à son procès, Jeanne dit qu'on y avait mis cette hâte « à la requête de la ville de Reims, afin d'éviter la charge des gens de guerre ». Ainsi les Orléanais avaient pour la même raison poussé la levée de leur siège, dès que l'armée de secours était entrée dans leurs murs.

Bien que rapidement mené, ce sacre, reconnaissance ecclésiastique du fait victorieux accompli, fut conforme à tous les rites destinés à rendre bonne et valable semblable opération.

La Sainte Ampoule fut mise à contribution. Le maréchal de Rais, qui reçut la charge de l'aller solennellement quérir chez l'abbé de Saint-Remy prêta inviolable serment qu'il lui rendrait fidèlement cet objet miraculeux. Nul n'ignore en effet que la Sainte Ampoule fut envoyée tout exprès par Dieu lui-même et apportée en personne par un ange venant directement du Ciel.

On sait aussi qu'à Reims cette légende de la Sainte Ampoule a passé, de même que passera la légende qui a fait de Jeanne Darc la créatrice de la France ; mais ce n'en est pas moins un rapprochement intéressant que de voir le plus épouvantable criminel qui ait jamais vécu, de voir ce monstre qui, aux solives de sa chambre d'orgie accrochait, ainsi que morceaux de viande, des petits garçons tout nus, vivants, de voir ce fléau de l'humanité, qui dans la satisfaction de ses vices se sentait surexcité par les tortillements et les hurlements de ces innocentes petites créatures, de voir ce maréchal de Rais, porter religieusement la Sainte Ampoule en compagnie de Jeanne Darc.

Car celle-ci avait été placée dans le cortège de celui-là.

Quant au rôle de Jeanne Darc dans le sacre, il fut naturellement très secondaire, l'entourage royal pendant la cérémonie étant composé des pairs du royaume et de membres du clergé. Comme on sait, il avait été fait pour Jeanne une grande bannière et un panonceau ; en campagne, elle portait elle-même le panonceau ; mais la bannière était confiée à son clergé directeur. Cet étendard, comme ceux d'ailleurs de toutes les compagnies de l'armée, fut tenu dans l'église pendant la cérémonie.

Jeanne, dans un de ses interrogatoires, a renseigné elle-même à ce sujet. Le texte français porte simplement « et lui semble que son estaindart fut assés près de l'autel ».

Si court qu'ait été à Reims le séjour de l'armée du sacre, Jeanne et ses frères eurent cependant le temps d'y embrasser le père Jacques Darc, qui, à l'annonce du voyage, s'était mis lui-même en route pour revoir ses trois enfants. D'autres excellents paysans étaient aussi venus des pays d'alentour, attirés par la cérémonie du sacre ; mais le père Darc fut particulièrement bien accueilli et il put s'en retourner heureux ; car non seulement il avait vu ses enfants, mais à leur considération le trésorier lui avait fait une libéralité de 60 livres. C'était sans doute peu ; mais comme le père Jacques n'était guère riche, ce peu ne pouvait cependant manquer de lui faire plaisir. Les frères de Jeanne, doués d'une nature pratique très développée, n'auraient pas voulu laisser aller leur père sans provoquer en sa faveur, comme ils le firent si souvent en la leur propre, une petite libéralité.

Le Retour.

La formalité du sacre mettait fin à la campagne de 1429. Dans la pensée du Grand Conseil, et selon ce qui restait encore de coutumes féodales — l'armée permanente ne devant être organisée que quelques années plus tard — l'armée n'avait 'plus pour cette année qu'à retourner vers la Loire et ensuite se dissoudre, chaque seigneur rentrant chez lui avec ses vasseaux.

Cependant, sans prétendre à de nouvelles conquêtes immédiates, il convenait d'agir sur l'imagination ennemie et de laisser, parmi les populations de Paris et des provinces voisines, une impression salutaire, par le déploiement des forces si considérables dont disposait la nouvelle royauté. Pour terminer la tournée de l'Est, on organisa donc un voyage de l'armée en plein pays encore aux Anglo-Bourgignons. La manœuvre était habile, d'autant plus qu'elle venait à l'appui de démarches continuées sans relâche auprès du duc de Bourgogne, pour l'amener à conclure sa paix particulière et le détacher des Anglais.

Le jour même du sacre, une tentative avait été faite, à ce sujet et l'on y avait utilisé Jeanne dans son rôle de héraut mystique. Mais comme ceux qui la conduisaient ne croyaient rien efficace sans menaces de combat, ils avaient donné à la lettre au duc de Bourgogne un caractère comminatoire. « Croyez sûrement, disait la lettre, que quelque nombre de gens qu'amenerez contre nous, ils n'y gagneront rien, et sera grande pitié de la grande bataille et du sang qui y sera répendu de ceux qui viendront contre nous. »

Ce parti purement militaire qui se servait de Jeanne n'était pas sans créer de grands embarras au parti des politiques, auquel appartenaient les Conseillers du roi.

Aussi les efforts des politiques ayant abouti, après le départ de Reims, à une trêve de quinze jours avec le duc de Bourgogne, le parti des seigneurs avait écrit aux Rémois, au nom de Jeanne, une lettre où perçait tout leur mécontentement: « Des trêves qui ainsi sont faites, disait la lettre, je ne suis point contente et ne sais si je les tiendrai ; mais si je les tiens, ce sera seulement pour garder l'honneur du roi. »

C'est dans le même esprit que ce parti de la guerre fit un instant dégénérer en bataille, imprudente et forcément désavantageuse, la simple manifestation à laquelle le Grand Conseil avait entendu se livrer.

Dans sa présomption, ce parti ne voulut pas se contenter de se montrer aux Parisiens ; il prétendit prendre la ville, tout de go, sans plus de préparatifs. Le roi dut suivre, bien que l'entreprise fût condamnée par ses conseillers. Ce fut un peu la réédition de ce qui s'était produit à Orléans, le matin où Gaucourt ne pouvant empêcher la population ignorante de sortir avec Jeanne, s'était mis à la tête de ces imprudents pour les empêcher de tout perdre.

Échec devant Paris.

Le Grand Conseil savait bien qu'on ne prend Paris que quand les Parisiens s'y prêtent, et, en ce mois d'août 1429, on n'avait pas encore eu le temps de convaincre suffisamment les corps de métiers et les bourgeois dont les Armagnacs avaient tant eu à souffrir tout récemment ; on n'avait pas encore eu le temps de les convaincre qu'il n'y avait plus d'Armagnacs et que le Gouvernement de Charles VII voulait pénétrer à Paris en ami, non pas en vengeur.

Cette conviction sera complète en 1436, à la suite du traité avec le duc de Bourgogne, à la suite de la mort de Bedford, et Charles VII pourra entrer dans Paris ; mais c'était, en 1429, un mauvais moyen pour faire naître la confiance, que d'assaillir tout à coup les remparts.

Il est vrai que se contentant de faire la part de la fougue militaire, on procéda non pas réellement à un siège, mais seulement à « une vaillance d'armes » selon l'expression même de Jeanne, qui y prit part avec sa bravoure habituelle et s'y fit même blesser.

Naturellement les fossés pleins d'eau et la porte Saint-Antoine ne se laissaient pas ainsi franchir, et l'on dut se retirer en emportant tous les désavantages et la honte d'un échec humiliant,

Le mécontentement du Grand Conseil fut réel : ce fut le commencement de la disgrâce pour le duc d'Alençon.

Quant à Jeanne, qui avait promis la victoire, qui en face des murailles avait comme toujours crié : « Entrez, la ville est vôtre » on ne lui en voulut pas, le parti politique sachant bien que d'elle ne dépendaient ni les décisions prises, ni la victoire, ni la défaite ; mais, ignorante des situations, des possibilités, des ressources défensives d'une cité comme Paris, elle souffrit beaucoup quand on se remit au voyage de retour, et ces regrets ne pouvaient être qu'entretenus par ses compagnons, par ses deux frères, par Poulengy, par Jean de Metz, par tous ceux qui l'avaient amenée, pour exercer la profession d'hommes d'armes en sa compagnie.

Que deviendraient-ils en effet, eux sans ressources, sans autre métier que la bataille, si la bataille venait à leur manquer? Où conduiraient-ils Jeanne quand l'armée, qui déjà se disloquait, serait dissoute totalement?

Ils devaient la mener se faire prendre à Compiègne.

Provisoirement, comme Jeanne était blessé, quoique peu gravement, puisqu'elle fut guérie en cinq ou six jours, le projet un instant nourri de rester à Saint-Denis et de ne plus suivre la compagnie du roi, fut abandonné.

Fin de la campagne.

Le 13 septembre on se trouvait à Lagny, et le 21, on rentrait à Gien. La démonstration était achevée, sans autre imprudence que l'escarmouche de Paris, sans encombre ni opposition de la part des Anglais.

Mais non point sans qu'ils eussent donné la preuve de leurs inquiétudes. Bedford, le régent de France pour l'Angleterre, apprenant l'entrée du cortége militaire de Charles VII sur les pays de son occupation, avait rassemblé en toute hâte les forces anglo-bourguignonnes et n'avait cessé de surveiller la marche de l'armée française. Seulement il avait eu soin de se tenir à distance. Il arrivait parfois, comme la chose eut lieu aux environs de Senlis, que les deux masses étaient proches, tellement que des escarmouches naissaient sur leurs flancs ; mais tout engagement sérieux était des deux parts évité. Les Français ne voulaient pas remettre en question, au hasard d'une bataille en rase campagne, les immenses avantages remportés par des années de luttes partielles, par les merveilles de leur artillerie ; les Anglais fuyaient davantage encore le contact décisif, connaissant trop leur réelle faiblesse et craignant de se faire écraser tout d'une fois.

Néanmoins la jactance de Bedford ne perdait pas ses droits, et, se tenant si sagement à distance, il n'en écrivait que davantage à Charles VII : « Nous vous avons poursuivi et poursuivons de lieu en lieu sans pouvoir vous atteindre. » Il en avait bien de garde ; mais il profitait de l'occasion de sa lettre pour faire des ouvertures de paix, des propositions de traité.

Ces avances restèrent vaines. La France moderne naissante voulait expulser les Anglais, non s'entendre avec eux. Elle venait de déblayer le pays de tout ce qui était possible pour l'instant. S'engager plus à fond eût été une faute, et à peine tâtonnera-t-on un peu du côté de Beauvais, l'an d'après, ou ira-t-on, histoire de s'entretenir la main, enlever Louviers et délivrer Compiègne. Les dix années déjà écoulées du règne de Charles VII avaient été consacrées à fonder la puissance nouvelle ; cette puissance venait de s'affirmer. Mais vingt années allaient être maintenant consacrées à l'organiser, à créer, non plus seulement des compagnies à la solde, mais de véritables armées permanentes, à développer l'artillerie, également dirigée contre les Anglais et contre les seigneurs.

Avènement de la royauté nouvelle.

Les bourgeois avaient mis dix années avant de pouvoir faire sacrer leur protégé et dire à tous : « Voici le Roi ; » le Roi ainsi produit allait à son tour travailler pendant vingt nouvelles années, au bout desquelles il dirait aux Anglais, aux seigneurs et même aux bourgeois : « Je suis le maître. »

La campagne militaire de 1429 avait couronné la période de luttes ; elle avait rendu possible la période d'organisation ; elle avait réellement clos le moyen âge en France et ouvert les temps modernes ; elle avait non point créé la France, mais marqué son avènement, sonné l'heure de la reconstitution du territoire gaulois.

Trompés de nos jours par de bavardes chroniques mal lues, par des textes mal digérés, par des contes à dormir debout presque tous les écrivains ont parlé de cette transformation, mais ayant dédaigné de l'étudier, tous les romanciers se sont évertués à proclamer : « Les faits de 1429 sont l'œuvre de Jeanne Darc. »

A présent que vient d'être rétablie la vérité, personne ne pourrait plus donner nulle créance à ces racontars et l'on reviendra enfin à l'opinion des Orléanais de 1429, à celle des conseillers du roi, à celle des capitaines, à celle du peuple même, qui jamais, à cette époque, n'a pensé un instant à faire honneur du salut de la France à Jeanne Darc ou au parti des seigneurs.

Et voici qui établit bien la pensée de ce temps à cet égard :

Après cette campagne de 1429, après le sacre, après les quelques avantages encore remportés dans des campagnes partielles complémentaires, soit vers le Sud-Ouest, soit vers la Normandie, les États généraux furent réunis à Blois pour recevoir communication de tout ce qui avait été fait.

Un rapport, comme nous dirions maintenant, leur fut présenté par le célèbre Jean Juvénal des Ursins ; et quand l'orateur fut amené à se demander à quelle cause devaient être attribués ces succès, il déclara que ce n'était ni à la vaillance des nobles ni aux prières des gens d'église.

De Jeanne Darc, il ne fut pas un instant question.

TROISIÈME PARTIE

JEANNE ᴅᴜ LYS

Le Roi refuse Jeanne au duc d'Alençon.

La petite compagnie de Jeanne s'était donc décidée
à suivre les gens du roi jusqu'à Gien, terme final du
voyage. L'armée fut bientôt après dispersée, les seigneurs retirés dans leurs domaines, les capitaines re-
partis pour leurs frontières, excercer leur mission de
surveillance, et il ne resta plus guère autour de la
résidence royale que ceux n'ayant ni château, ni
mission, comme Xaintrailles, comme Jean de Metz,
Poulengy, comme les frères de Jeanne, obligés de vivre
de la guerre, grande ou petite, générale ou particulière,
de se rabattre sur l'escarmouche quand il n'y avait plus
place pour la vraie bataille, de s'en aller parmi les provinces tenter quelque surprise contre quelque cité encore
à la partie adverse, ou offrir leurs bras disponibles à
telle autre menacée.

D'autre part, Jeanne n'était point faite pour le repos ;
son cerveau, aux prises avec ses visions, subissait des
crises impulsives qui l'empêchaient de tenir en place et
lui faisaient accueillir avec transport toute idée d'expé-

dition, lui parlât-on de marcher contre les Hussites, ou sur Jérusalem, ou de débarquer en Angleterre pour délivrer le duc d'Orléans, lequel d'ailleurs n'était retenu prisonnier que parce qu'il ne pouvait pas payer la grosse rançon contre laquelle les Anglais lui avaient toujours offert la liberté. Et pour le dire en passant, ce sera le duc de Bourgogne en personne qui, en 1435 cessant d'être l'allié des Anglais, fournira l'argent de cette rançon du duc d'Orléans, en même temps qu'il lui donnera sa nièce en mariage.

Pour en revenir aux sentiments guerriers de Jeanne, d'Alençon, qu'elle appelait son beau duc et qui connaissait bien ces sentiments, songea à les utiliser à son profit pour une campagne particulière sur les frontières de ses domaines.

C'était moins grandiose que la conquête de la Palestine ; c'était la guerre cependant, et la compagnie de Jeanne ainsi qu'elle-même n'eussent pas demandé mieux que d'aller combattre en ces parages de l'Ouest. Mais le Grand Conseil mit le holà ; l'expédition ne fut pas autorisée ; le duc d'Alençon était trop manifestement de ce parti des nobles auxquels Juvénal des Ursins déniait sa part dans le salut de la France. Pour rééditer le mot de l'Anglais au duc de Bourgogne, la royauté n'avait pas mâché les morceaux pour les voir avaler par le duc d'Alençon, si ami fut-il de Jeanne Darc.

Mais il restait quelques petites villes de la Loire, comme Saint-Pierre-le-Moustier, La Charité, en amont de Gien, qui étaient encore aux mains de l'ennemi ; de ce côté, les compagnies franches, comme celles de Jeanne, pouvaient s'occuper sans danger politique ; le petit noyau de troupes inutiles autour de la résidence royale fut en conséquence envoyé de ce côté, pour tâter le terrain en une campagne partielle, analogue à celle que La Hire devait mener du côté de la Normandie, à celle confiée dans le Sud-Est à Villadrando, à celle que fera autour de Beauvais le compagnon de Jeanne, Pothon de Xaintrailles, quand celle-ci aura été prise à Compiègne en même temps que lui d'ailleurs, et que s'étant racheté, ledit Pothon accompagnera le berger du Gévaudan, un voyant muni de stigmates, qu'on aura donné pour successeur à Jeanne Darc.

Échec devant La Charité.

La petite troupe contenant Jeanne se décida vite à cette expédition de la haute Loire, car Saint-Pierre-le-Moustier fut enlevé dès le commencement de novembre.

C'était là d'ailleurs un fait d'armes des plus simples, encourageant cependant ; mais la campagne qui s'annonçait ainsi heureuse fut bientôt brusquement interrompue par un échec complet devant La Charité, place d'un peu plus d'importance.

La petite troupe, qui selon l'usage de ces expéditions particulières, travaillait à peu près pour son compte, avait pourtant eu soin d'adresser des appels de côté et d'autre, et de rédiger, au nom de Jeanne, des lettres où on demandait des ressources, comme par exemple dans la lettre aux habitants de Riom, où l'on faisait dire à Jeanne, annonçant la prise de Saint-Pierre-le-Moustier.

« Mais pour ce que grande dépense de poudres, trait et autres habillements de guerre a été faite devant ladite ville, et que petitement les seigneurs qui sont en cette ville et moi en sommes pourvus pour aller mettre le siège devant La Charité où nous allons présentement, je vous prie, sur tant que vous aimez le bien et l'honneur de roi et aussi de tous les autres de par deçà, que veuillez incontinent envoyer et aider pour ledit siège, de poudres, salpêtre, souffre, trait, arbalètes fortes et autres habillements de guerre. Et en ce faites tant que, par faute desdites poudres et autres habillements de guerre, la chose ne soit longue, et qu'on ne vous puisse dire en ce être négligents ou refusans. Chers et bons amis, Notre Sire soit garde de vous. Ecrit à Moulins, le ixe jour de novembre.

« JEHANNE. »

Ces appels adressés au nom de Jeanne n'eurent pas réponses suffisantes. Cependant Clermont-Ferrand envoya trois quintaux de poudre, deux dagues et une épée. D'autre part, comme il s'agissait d'une entreprise intéressant spécialement le Berry, et que le chef de cette expédition dans laquelle s'était engagée la petite troupe de Jeanne était le seigneur d'Albret, gouverneur de Bourges, cette ville donna pour ce siège 1300 écus d'or.

Mais il manquait les bons canons d'Orléans, qui avaient eu raison de Jargeau en quelques heures, et, tout l'enthousiasme de Jeanne ne pouvant y suppléer, il fallut abandonner le siège de La Charité et s'en revenir vers Gien, après avoir fait preuve de bonne volonté, mais non moins d'impuissance.

L'hiver étant venu, quelques mois se passèrent sans que la compagnie de Jeanne trouvât occasion de guerroyer. Jeanne utilisa cette morte-saison à se montrer dans les villes d'alentour. Le jour de Noël, elle est à Jargeau en compagnie du moine Richard et de Catherine de la Rochelle ; dans les premiers jours de janvier, elle est à Bourges ; le 19 du même mois, elle retourne chez les gens d'Orléans, qu'elle a déjà visités tant de fois et qu'elle reverra une dernière fois en 1439.

Jeanne la Pucelle devie nt Jeanne du Lys.

Le temps se passait ainsi à attendre qu'il y eut quelque chose à faire de côté ou d'autre, et les frères de Jeanne, toujours pratiques, profitèrent de ces loisirs pour n'être plus de condition serve et pour remplacer le surnom du père Darc par un autre mieux porté.

C'était alors la coutume, et l'habileté des rois, de se concilier les simples soldats de roture en autorisant, pour raison quelconque, de temps en temps, à certains d'entre eux de porter blason. Au mois de juin 1429 par exemple, l'homme d'armes Guy de Cailly de la compagnie de Jean de Metz et de Jeanne, avait été anobli. En 1440, ce Jean de Metz, qui avait été longtemps le chef réel de la compagnie de Jeanne, fut également anobli, mais pour services non spécifiés et sans aucune mention de son association avec la Pucelle. Vers la même époque, la ville de Pontoise ayant été prise, les deux soldats qui étaient montés les premiers à l'assaut de la tour de Friche furent aussi faits nobles. C'étaient l'archer Jean Becquet, natif de Rouen, et un homme d'armes natif de Brie.

De même les fils du père Darc obtinrent l'autorisation de changer leur nom en celui de *du Lys*. Jeanne a déclaré pendant son procès que ces armes avaient été données à ses frères, « à la plaisance d'eulz », sans requête d'elle-même. Ces armes étaient un écu d'azur où il y avait deux fleurs de lys d'or et une épée au milieu.

Depuis cette époque, le surnom de Darc fut complètement abandonné, et, quand en 1436 elle vendra, conjointement avec son mari, le domaine de Haraucourt, Jeanne sera désignée dans l'acte sous le nom de Jehanne du Lys, Pucelle de France.

Jeanne quitte le Roi.

Les grands froids étaient passés ; la cour résidait alors à Sully où la présence de Jeanne est également signalée du 3 au 28 mars.

Mais le retour du printemps ne modifiait en rien la détermination du Grand Conseil. L'année commençante et celles qui suivraient, seraient données tout entières à l'organisation politique du pays, à la création d'une armée purement royale, à un énorme développement de l'artillerie, laquelle fera bientôt tant de prodiges, aux mains de ce Jean Bureau, qui va apparaître comme la plus immense figure de ce temps de révolution politique et sociale, comme le génie de la mécanique abattant toutes les vaillances, toutes les armures, toute la chevalerie, tous les remparts.

Le Grand Conseil savait ce qu'il voulait, où il allait, et il poursuivait sa voie avec la rectitude qui lui avait tant réussi depuis déjà plus de dix ans. Or, dans cette situation, il n'y avait plus rien à faire au service immédiat du Roi pour la petite troupe de Jeanne ; et son activité guerrière, aussi bien que les nécessités de la vie, devaient lui faire chercher quelque champ d'activité vers les provinces frontières, où les coups de main ne cesseraient de se produire malgré l'absence de la grande guerre.

Vers l'Est, rien à faire : l'expérience de l'échec devant La Charité était trop récente et concluante ; vers l'Ouest, c'était la région de d'Alençon, et le Grand Conseil l'avait interdite à la troupe de Jeanne. Restait le Nord où il ne pouvait manquer de se produire quelque événement, vers les possessions du duc de Bourgogne.

Un beau jour, sans prendre même congé du Roi, Jeanne partit avec les siens chercher bataille vers ces pays du Nord. Ce fut la vie aventureuse des compagnies franches, se substantant parmi les populations, se procurant à l'occasion un cheval manquant sans le payer, comme il arriva pour celui de l'évêque de Senlis, que Jeanne d'ailleurs trouva mauvais et renvoya audit évêque, lequel cependant ne revit jamais sa bête ni n'en toucha le prix.

La petite compagnie recevait bon accueil. Jeanne était toujours la voyante extatique, pieuse, contemplative, qui étonnait le peuple par ses attitudes, qu'on aimait malgré et peut-être pour sa brusquerie dont le fond était bonté ; les bonnes femmes la sollicitaient d'être la marraine de leurs enfants ; elle se mettait avec elles en prières au chevet des malades ; on la consultait dans différentes affaires, comme il fut fait lorsqu'il s'agit de décider sur le sort de Franquet d'Arras, qui avait été pris dans une escarmouche.

Ce Franquet était un homme du duc de Bourgogne. Jeanne elle-même, dans son procès, raconte l'affaire dont les juges tiraient argument contre elle. M. Joseph Fabre a ainsi traduit le passage en question :

« Le procès de Franquet, dit Jeanne, dura quinze

jours ; et en fut juge le bailli de Senlis, avec les gens de justice de Lagny. Je requérais qu'on me donnât ce Franquet pour l'échanger contre un homme de Paris, maître d'hôtel à *l'Ours* (ou seigneur de l'Ours), or je sus que cet homme était mort, et le bailli dit que je voulais faire grand tort à la justice en délivrant ce Franquet. Alors je dis au bailli : « Puisque mon homme est mort que je voulais avoir, faites de ce Franquet ce que vous devez faire par justice. »

Franquet fut mis à mort au grand dépit du duc de Bourgogne qui tenait à lui.

Jeanne est prise.

Après Lagny, on trouve la petite troupe de Jeanne à Crépy-en-Valois. En ce moment les Bourguignons assiégeaient Compiègne que le duc convoitait ardemment.

Il va sans dire que la compagnie de Jeanne se porta de suite au secours de la ville assiégée. On arriva à Compiègne, de nuit, en cachette. Là furent avec Jeanne, ses frères et aussi Pothon de Xaintrailles qui ne manquait jamais d'être où il y avait escarmouche à tenter, et qui était si téméraire que jamais on ne vit homme si souvent fait prisonnier.

Vers le soir même, Pothon, Jeanne et ses frères et leurs compagnons firent une sortie. Dans ses interrogatoires, Jeanne a raconté l'action. Elle passa par le pont et par le boulevart et alla en compagnie des gens de son parti sur les gens du seigneur Jean de Luxembourg. Par deux fois les ennemis avaient été repoussés sur le camp des

Bourguignons; mais la troisième fois on n'avait pu les faire autant reculer.

A ce moment arrivèrent des Anglais, qui firent diversion en coupant la retraite . En voulant dès lors se retirer sur la ville Jeanne fut prise dans les champs, du côté qui regarde la Picardie.

Cette prise de Jeanne n'entraîna pas la perte de la ville; Compiègne fut délivrée quelques mois plus tard par les Français, qui obligèrent les Bourguignons à lever le siège. Le duc de Bourgogne fut très affecté de cet échec; car il lui fallait s'avouer qu'il lui était de plus en plus impossible de rien entreprendre contre le pouvoir de Charles VII.

L'Université prend l'initiative du procès contre Jeanne.

Ce fut le 23 mai 1430 au soir que Jeanne tomba entre les mains, non des Anglais, mais des Bourguignons.

Le 26, à peine la nouvelle reçue, les deux plus hauts corps ecclésiastiques écrivaient la lettre que voici :

« A très hault et très puissant prince Philippe, duc de Bourgoingne, conte de Flandres, d'Artois, de Bourgoigne et de Namur, et à tous autres à qui il appartiendra, frère Martin, maistre en théologie et général vicaire de l'inquisiteur de la foy au royaume de France, salut en Jhésuscrist nostre vray Sauveur.

« Comme tous loyaulx princes chrestians et tous autres vrais catholiques soient tenus extirper tous erreurs venans contre la foy, et les escandes qui s'ensuivent ou simple peuple chrestian ; et de présent soit voix et commune renommée que, par certaine femme nommée Jehanne, que les adversaires de ce royaume appellent la Pucelle, aient esté et à l'occasion d'icelle, en plusieurs citez, bonnes villes et autres lieux de ce royaume, semez, dogmatisez, publiez et fais publier et dogmatizer plusieurs et divers erreurs, et ancores font de présent, dont s'en sont ensuiz et ensuyent pluseurs grans lésions et escandes contre l'onneur divin et nostre sainte foy, à la perdiction des âmes de pluseurs simples chrestians; lesquelles choses ne se pevent, ne doivent dissimuler, ne passer sans bonne et convenable reparacion; et il soit ainsi que, la mercy Dieu, la dicte Jehanne soit de présent en vostre puissance et subjeccion, ou de vos nobles et loyaulx vassaulx.

« Pour ces causes nous supplions de bonne affection à vous, très puissant prince et prions vos diz nobles vassaulx que la dicte Jehanne, par vous ou iceulx, nous soit envoiée seurement par deçà et brièfement, et nous avons espérance que ainsi le ferez comme vrais protecteurs de la foy et défendeur de l'onneur de Dieu, et à ce que aucunement on ne face empeschement ou délay sur ce (que Dieu ne veuille) !

« Nous, en usant des droits de nostre office, de l'autorité à nous commise du Saint-Siège de Romme, requérant instamment et enjoignons eñ faveur de la foy catholique, et sur les peines de droit aux dessusdiz, et à toutes autres personnes catholiques de quelques estats, condicion, prééminence ou auctorité qu'ilz soient, que, le plustôt que seurement et convenablement faire se pourra, ilz et chacun d'eulx envoient et amènent toute prisonnière par devers nous, la dicte Jehanne, souspçonnée véhémentement de plusieurs crimes, sentens (sentant) hérésie, pour ester à droit (comparaître judiciairement) parde-

vant nous contre le procureur de la sainte Inquisition ;
respondre et procéder comme raison devra au bon conseil, faveur et aide des bons docteurs et maistres de
l'Université de Paris, et autres notables conseillers estant
par deçà.

« Donné à Paris soubz nostre scel de l'office de la
Sainte Inquisicion, l'an mil cccc xxx, le xxvi° jour de
Mai. — Lefourbeur — Hébert. »

Ce Lefourbeur était mandataire de l'Inquisition.

Hébert était le mandataire de l'Université.

Ces deux institutions maîtresses du clergé parlaient
au nom de la papauté. C'était donc bien le clergé qui se
jetait sur la sympathique voyante capturée, qui la poursuivait comme une proie pour ses tribunaux religieux,
qui demandait avec une hâte scandaleuse qu'au mépris
des lois des combats on leur livrât une prisonnière de
guerre, pour lui intenter un procès, non point politique,
(ni l'Université, ni l'Inquisition n'ayant à cela com-
pétence), mais un procès en matière de foi, un procès de
persécution religieuse, un procès où l'odieux inquisi-
torial devait se mêler au ridicule de déranger les
membres les plus considérables du clergé, pour recher-
cher si les rêves, si les hallucinations d'une honnête
jeune fille étaient l'œuvre du Diable !

Quicherat l'a dit : « L'idée de faire succomber Jeanne
devant l'Eglise se produisit spontanément non pas dans
les conseils du Gouvernement anglais, mais dans les con-
ciliabules de l'Université de Paris. »

L'Université n'obtient pas de réponse.

Les « bons et loyaulx vassaux » aux mains desquels était tombée Jeanne étaient des soldats du seigneur Jean de Luxembourg, à qui, selon les usages, la prisonnière appartenait par conséquent.

Ce Jean de Luxembourg était un guerrier brutal, et cruel, mais c'était un guerrier, et il n'entendait pas se prêter à l'espèce de trahison qu'on demandait de lui. Il avait fait conduire Jeanne au château de Beaulieu, puis à son domaine de Beaurevoir où la demoiselle de Luxembourg adoucissait la situation de la jeune captive par de délicates attentions et les marques de la plus vive sympathie.

Le duc de Bourgogne n'était pas plus disposé que son vassal à transgresser les lois de la guerre, et l'Université de Paris en fut pour sa lettre, à laquelle nulle réponse ne fut faite.

Mais les juridictions religieuses sont tenaces et ne lâchent pas si facilement leurs victimes.

Jean de Luxembourg reçut donc aussi sa lettre.

On commençait par lui rappeler la doctrine immuable de l'Eglise : elle d'abord, la chose publique ensuite :

« Très noble, honoré et puissant seigneur, lui était-il dit, nous nous recommandons moult affectueusement à vostre haulte noblesse. Vostre noble prudence sect bien et cognoist que tous bons chevaliers catholiques doivent leur force et puissance emploier premièrement au service de Dieu ; et en après au proufit de la chose publique. En espécial, le sèrement premier de l'ordre de chevalerie si est garder et déffendre l'onneur de Dieu, la foy catholique et sa sainte Eglise ».

Pour amener volontairement, si faire se peut, Jean de Luxembourg à obéissance, l'Université le congratule un peu :

« De ce sacrement vous est bien souvenu, quand vous avez vostre noble puissance et présence personnelle emploiez à appréhender ceste femme qui se dit la Pucelle ; au moyen de laquelle l'onneur de Dieu a est sans mesure offensé, la foy excessivement bléciée, et l'Eglise trop fort déshonorée ; car, par son occasion, ydolatries, erreurs, mauvaises doctrines et aultres maulx et, inconvéniens inestimables se sont ensuys en ce royaume. Et en vérité, tous loyaulx chrétians vous doivent mercier grandement de vous avoir fait si grant service à nostre sainte foy et à tout ce royaume ; et quant à nous, nous en mercions Dieu de tous noz couraiges et vostre noble prouesse, tant acertes que faire povons. Mais peu de choses serait avoir fait telle prinse, s'il ne s'ensuyvoit ce qu'il appartient, pour satisfaire l'offence par icelle femme perpétrée contre nostre doulx Créateur et sa foy et sa sainte Eglise, avec ses aultres meffaiz innumérables, comme on dit. »

Mais elle s'élève vivement contre toute idée ou possibilité qu'on applique à Jeanne les règles en usage pour les prisonniers de guerre :

« Et scroit, dit la lettre, plus grant inconvénient que oncques mais, et plus grant erreur demourrait au peuple que par avant et si fort intolérable offence contre la majesté divine, si certe chose demouroit en ce point, ou qu'il avenist que icelle femme fust délivrée ou perdue, comme on dist aucuns des adversaires soy vouloir efforcier de faire, et appliquer à ce tous leurs entendemens par toutes voyes esquises, et qui pis est, par argent ou raençon.

« Mais nous esperons que Dieu ne permettra pas devenir si grand mal sur son peuple, et que aussi vostre bonne et noble prudence ne le souffrira pas, mais y saura bien pourveoir convenablement ; car se ainsi estait faite délivrance d'icelle, sans convenable réparacion, ce seroit déshonneur irréparable à vostre grant noblesse et a tous ceulx qui de ce se seroient entremis. »

L'Université menace.

Luxembourg est donc requis de livrer Jeanne, au plus tôt :

« Mais à ce que telle escande cesse le plus tôt que faire se pourra, comme besoing est, et pour ce que, en ceste matière, le delay est très périlleux et très préju- diciable à ce royaume, nous supplions très humblement et de cordial affection à vostre puissant et honoré noblesce, que, en faveur de l'onneur divin, à la conser- vation de la sainte foy catholique et au bien et exalta- cion de tout ce royaume, vous vueillés icelle femme mettre en justice et envoier par deçà à l'inquisiteur de la foy, que icelle a requise et requiert instamment pour faire discucion de ses grans charges, tellement que Dieu en puisse estre content et le peuple édifié deuement en bonne et sainte doctrine ; ou vous plaise icelle faire rendre et délivrer à révérend père en Dieu, et nostre très honoré seigneur l'évesque de Beauvais, qui icelle a pareillement requise, en la juridiction duquel elle a esté appréhendée, comme on dit. »

Puis, comme on s'attend à de la résistance voici la menace. En cas de refus, c'est Jean de Luxembourg lui-même qui pourrait tomber sous cette juridiction ecclésiastique :

La lettre continue, en effet, ainsi :

« Lesquels, prélats et inquisiteurs, sont juges d'icelle en la matière de la foy ; et est tenu obéir tout chrestian de quelques estats qu'il soit, à eulx en ce cas présent, **sur les peines de droit qui sont grandes**. En ce faisant, vous acquerrez la grâce et amour de la haulte divinité ; vous serez moyen de l'exaltacion de la sainte foy, et aussi accroistrez la gloire de vostre très hault et noble nom, et mesmement de très hault et très puissant prince, nostre très redoubté seigneur et le vostre, monseigneur de Bourgoingne. »

La menace à Jean de Luxembourg n'eut pas plus de succès que la supplique au duc de Bourgogne. Les semaines se passent, l'Université craint de voir sa proie lui échapper ; elle adresse à Philippe le Bon une nouvelle supplique, humble encore étant donnée la qualité du personnage ; mais pressante cependant, et dans laquelle elle rappelle qu'il ne lui a pas été répondu.

« Combien dit-elle quautre fois, nostre très redoubté et honoré seigneur, nous ayons par-devers vostre haultèce escript et supplié très humblement à ce que celle femme dicte la Pucelle estant, la mercy Dieu, en vostre subsjeccion, fust mise ès mains de la justice de l'Eglise pour lui faire son procès deument, sur les ydolastries et autres matières touchans nostre sainte foy, et les escandes réparer à l'occasion d'elle survenues en ce royaume ; ensemble les dommages et inconvéniens innumérables qui en sont ensuis ;

« Toutesvoies, nous n'avons eu aucune réponse sur

ce, et n'avons point sceu que, pour faire du fait d'icelle femme discucion convenable, ait esté faicte aucune provision ; mais doubtons moult que par la faulceté et séduccion de l'ennemy d'enfer et par la malice et subtilité des mauvaises personnes, vos ennemis et adversaires, qui mettent toute leur cure, comme l'on dit, à vouloir délivrer icelle femme par voyes esquises, elle soit mise hors de votre subjection par quelques manières, que Dieu ne veuille permettre ; car en vérité au jugement de tous bons catholiques cognoissans en ce, si grant lésion en la sainte foy, si énorme péril, inconvénient et dommage pour toute la chose publique de ce royaume, ne sont avenus de mémoire d'omme, si comme seroit, se elle partait par telles voyes d'ampnées, sans convenable réparacion ; mais seroit ce, en vérité, grandement au préjudice de vostre honneur et du trés chrestian nom de la maison de France, dont vous et vos très nobles progéniteurs avez esté et estes continuelment loyaulx protecteurs et très nobles membres principaulx.

« Pour ces causes, nostre très redoubté et honoré seigneur, nous vous supplions de rechief très humblement que, en faveur de la foy de Nostre-Sauveur, à la conservacion de sa sainte Eglise et tuicion de l'onneur divin, et aussi pour le grant utilité de ce royaume très chrestian, il plaise à vostre haultece ycelle femme mettre ès mains de l'inquisiteur de la foy, et envoier seurement pardeçà ainsi que autreffois avons suppliée, ou icelle femme bailler ou faire bailler à révérend père en Dieu Monseigneur l'évesque de Beauvais, en la juridiction espirituele duquel elle a esté appréhendée, pour à icelle femme faire son procès en la foy, comme il appartendra par raison, à la gloire de Dieu, à l'exaltacion de nostre dicte sainte foy, et au prouffit des bons et loyaulx catholiques, et de toute la chose publique de ce royaume, et aussi à l'onneur et louenge de vostre dicte haultèce, laquelle nostre Sauveur veuille maintenir en bonne prospérité et finalement lui donner sa gloire. »

L'Université va jusqu'à la sommation.

Mais rien, toujours rien. Le duc de Bourgogne, lui non plus, n'entend pas. L'Université s'acharne ; elle ne va plus seulement menacer, hausser le ton ; elle va employer les moyens de procédure, agir par voie de sommation. Si vous ne voulez pas nous remettre Jeanne, nous vous forcerons de la remettre au roi d'Angleterre. Si vous ne voulez pas la livrer volontairement, on vous la prendra par voie de rachat.

Et l'Université charge son subordonné qu'elle fait son délégué, l'évêque de Beauvais, de négocier ce rachat et de faire la sommation, que voici :

« C'est ce que requiert l'evesque de Beauvais, à monseigneur le duc de Bourgoingne, à monseigneur Jehan de Luxembourc, et au bastart de Vendone, de par le roi nostre sire, et de par lui comme évesque de Beauvais :

« Que icelle femme que l'on nomme communément Jehanne la Pucelle, prisonnière, soit envoyée au Roy pour la délivrer à l'Eglise, pour lui faire son procès, pour ce qu'elle est soupçonnée et diffamée d'avoir commis plusieurs crimes, comme sortilèges, ydolâtries, invocacions d'ennemis (démons) et autres plusieurs cas touchans nostre foy et contre icelle. Et combien qu'elle ne doye point estre de prise de guerre, comme il semble, considéré ce que dit est; néanmoins, pour la rémunéra-cion de ceulx qui l'ont prinse et détenue, le Roy veult libéralment leur bailler jusques à la somme de six mil francs, et pour ledit bastart qui l'a prinse lui donner et assigner rente, pour soustenir son estat, jusques à deux ou trois cens livres.

« Item. Le dit évesque requiert de par lui aux dessus-diz et ce chacun d'eulx, comme icelle femme ait esté prinse en son dyocése et soubz sa jurisdicion, espiri-tuelle, qu'elle lui soit rendue pour lui faire son procés comme il appartient. A quoy il est tout prest d'entendre par l'assistence de l'inquisiteur de la foy, se besoing est; par l'assistence de docteurs en théologie et en décret, et autres notables personnes expers en fait de juvuauons, ainsi que la matière requiert, affin qu'il soit meurement saintement et deument fait, à l'exaltacion de la foy et à l'instruction de plusieurs, qui ont esté en ceste matière déceus et abusez à l'occasion d'icelle femme. »

Jean de Luxembourg et le duc de Bourgogne obligés de céder.

In cauda venenum: Que le duc de Bourgogne et ses vassaux n'essaient pas de se soustraire à la somma-tion; qu'ils ne songent pas à se refuser à l'odieux marché. Celle qu'il ne voulaient ni livrer ni vendre, on la leur enlèverait malgré eux, attendu que le chef de guerre (et le roi est toujours chef de guerre) a le droit, moyen-nant finance, de prendre pour lui tout prisonnier cap-turé par un de ses guerriers.

« Item. En la parfin, conclut la sommation, se (si) par

la matière ainsi dite, ne vueillent, ou soient aucuns d'eulx, estre contens, ou obtempérer en ce qui dessus est dit ; combien que la prise d'icelle femme ne soit pareille à la prise de Roy, princes et autres gens de grant estat lesquels toutes voies se prins estoient ou aucuns de tel estat, fust Roy, le dauphin, le Roy le pourroit avoir, se il vouloit, en baillant au preneur dix mil frans, selon le droit, usage et coustume de France), ledit évesque somme et requiert les dessudiz au nom comme dessus que ladite Pucelle, lui soit délivrée, en baillant seurté et ladite somme de dix mille frans, pour toutes choses quelconques. Et ledit évesque de par lui, selon la forme et peines de droit, ce requiert à lui estre baillée et délivrée comme dessus. »

Ce chiffre de 10.000 francs était le taux légal. D'ailleurs l'Université pouvait être généreuse ; ce serait les malheureux Rouennais qui paieraient.

La sommation était faite dans toutes les formes, par ministère d'huissier comme on dirait de nos jours. L'exploit suivant traduit du latin en donne la date exacte et établit que Jean de Luxembourg et le duc de Bourgogne avaient déjà résisté pendant près de deux mois à l'Université :

« L'an du Seigneur Mil CCCCXXX, le 14e jour du mois de Juillet, indiction 8 ; l'an 13 du pontificat de notre très saint père le pape Martin V, en la Bastille de Très illustre prince Monseigneur le duc de Bourgogne établie en son camp devant Compiègne, présents nobles hommes messeigneurs Nicolas de Mailly, bailly de Vermandois, et Jean de Pressy, chevaliers, et d'autres témoins en grand nombres, fut présentés, par R. P. en Dieu, monseigneur Pierre, par la grâce de Dieu évêque et comte de Beauvais, au dit très illustre prince Monseigneur de Bourgogne, une cédulle en papier contenant de mot à mot les cinq articles ci-dessus transcrits. Laquelle cédule mon dit seigneur le duc a réellement transmises à Noble homme Nicolas Raulin, son chancelier, qui l'assistait, avec ordre de la transmettre par le dit Chancelier à messire Jean du Luxembourg seigneur de Beaurevoir : et ledit seigneur Jean du Luxembourg étant survenu, ledit Chancelier lui transmit la cédule que ledit seigneur lut, comme il m'a semblé. Ceci s'est passé, moi présent.

Signé : TRIQUELOT, notaire apostolique. »

Force fut donc de s'exécuter. Les Rouennais et autres gens de Normandie furent imposés de dix mille livres qui furent versées pour le rachat de la prisonnière de guerre.

Tentatives d'évasion de Jeanne.

Il s'en faillit de peu que ce ne fût en pure perte. Jeanne n'était rien moins qu'un tempérament de résignée, et son activité des champs de bataille ne l'abandonnait pas pour être en prison. Il résulte d'une de ses déclarations que « jamais elle ne fut en prison quelconque qu'elle ne s'en échappât volontiers ».

Déjà dans le château de Beaulieu elle avait préparé une évasion. « J'eusse, a-t-elle dit, enfermé mes gardes dans la tour, n'eût été le portier qui me vit et me vint à l'encontre. »

Etant au château de Beaurevoir, elle apprit qu'elle allait être livrée. En outre il courait les bruits les plus désolants sur la situation de Compiègne pour laquelle Jeanne pensait toujours à batailler. Elle avait ouï dire que ceux de la ville, tous jusqu'à l'âge de sept ans devaient être mis à feu et à sang. Après bien des hésitations, des rêves contradictoires, elle fut entraînée par son idée de fuir, et malgré le danger elle tenta de s'évader en sautant de la tour de Beaurevoir.

« En sautant, a-t-elle dit, je me recommandai à Dieu, et je croyais, par le moyen de ce saut, échapper de façon à n'être pas livrée aux Anglais. »

Elle ne réussit qu'à faire une chute douloureuse ; on la ramassa évanouie. Aucuns disaient : « elle est morte ». Elle reprit cependant ses sens, mais elle fut deux ou trois jours sans pouvoir « absolument ni manger ni boire ».

Tôt après, elle fut guérie... et livrée.

Par Arras, le Crotoy et Dieppe, on la conduisit à Rouen où elle fut enfermée comme prisonnière de guerre au Château, et non pas comme suspecte d'hérésie, dans la prison ecclésiastique que possédait l'Officialité, rue Saint-Romain.

Cauchon accusé de tiédeur par l'Université.

Et puis l'Université n'entendit plus parler de rien. On avait dit aux Anglais d'acheter la prisonnière ; ils l'avaient achetée, payée... et ils la gardaient pour eux, en gens pratiques, comme ils faisaient depuis quinze ans du duc d'Orléans qu'ils eussent lâché depuis longtemps s'il avait pu verser sa rançon.

Alors ladite Université se fâcha tout rouge, et, chose

qui étonnera un peu, étant donnée la réputation courante de Cauchon, ce fut celui-ci qui fut accusé de tiédeur et sommé de faire diligence. Cauchon reçut donc la lettre suivante. (Le roi d'Angleterre est englobé dans le blâme).

« A notre R. P. en Dieu et Seigneur, etc…

« Monseigneur, nous voyons avec un extrême étonnement l'envoi de cette femme, vulgairement appelée la Pucelle, se différer si longuement au préjudice de la foi et de la juridiction ecclésiastique, attendu surtout qu'on la dit actuellement remise entre les mains du roi notre sire.

« Les princes chrétiens en effet, dans leur zèle pour les intérêts de l'Eglise et de la foi, ont accoutumé, dès qu'une atteinte téméraire est portée au dogme catholique, de livrer aussitôt le prévenu aux juges ecclésiastiques appelés à s'en saisir et à le punir. Et, peut-être, si votre Paternité avait manifesté une exigence plus sévère, la cause de la dite femme, à l'heure qu'il est, s'agiterait déjà devant le tribunal de l'Eglise. Revêtu, comme vous l'êtes, d'une haute prélature, il ne saurait vous être indifférent de réprimer les scandales qui surviennent au sein de la religion, surtout lorsque le hasard a voulu que le cas se produisît dans votre diocèse.

« Afin donc que l'autorité de l'Eglise n'en souffre pas un plus longéchec, daigne le zèle de votre Paternité pourvoir, avec une extrême diligence, à ce que la dite femme soit promptement remise à votre pouvoir et au pouvoir de Monseigneur l'inquisiteur de la perversité hérétique ! Cela fait, veuillez prendre peine pour que ladite femme soit sûrement conduite en cette ville de Paris, où se trouvent en grand nombre des doctes et savants, afin que ce procès puisse être mieux examiné et plus sûrement jugé, à la saine édification du peuple chrétien, et à l'honneur de Dieu, qui vous veuille, notre R. P., diriger en toutes choses de sa grâce spéciale !

« Écrit à Paris, dans notre assemblée générale solennellement réunie à S.-Mathurin, le 24 novembre 1430. A vous,

« Les Recteurs et Université de l'étude parisienne.
Signé : Hébert. »

Démarches de l'Université près du roi d'Angleterre.

Il y avait presque. jour pour jour six grands mois qu'on faisait languir la passion procédurière de l'Université ; finalement il fallut bien se rendre à ses injonctions d'autant plus que ne se contentant pas des remontrances à Cauchon, la dite Université, qui s'intitulait très humble et très dévote fille du roi d'Angleterre, avait comme suit, adressé une de ces suppliques, qui de la part du haut clergé, ont toujours été comprises comme des ordres :

« Et combien que sur ce, nous ayons par plusieurs fois écript et encore à présent, nostre très redouté et souverain seigneur et père, en proposant toujours très humble et loyal recommandacion ; à ce que ne soions notez de négligence aucune en si favorable et nécessaire matière : nous supplions très humblement, et en l'honneur de nostre Sauveur Jhésucrist, déprions très acertes vostre haulte excellence, que icelle femme vous plaise ordener estre mise briefment ès mains de la justice de l'Eglise, c'est-à-dire de révérend père en Dieu, nostre honoré seigneur l'évesque et conte de Beauvais, et aussi l'inquisiteur ordené en France, auxquelz la cognoissance des meffaiz d'icelle appartient espécialement en ce qui touche nostre dicte foy, afin que par voie de raison, soit faite discucion convenable sur les charges d'icelle, et telle réparacion comme au cas appartiendra, en gardant la sainte vérité de nostre foy, et mettant toute erreur faulse et scandaleuse opinion hors des courages (des cœurs) de vos bons, loyaulx et chrestians subgez. »

La lettre exprimait ensuite le désir caressé dès le début par l'Université d'être mise personnellement en possession de Jeanne, d'instruire elle-même ce procès poursuivi si âprement. La fin était ceci :

« Et en ce faisant, gardera vostre royal majesté, sa grande loyaulté envers la souveraine et divine Majesté, laquelle veuille octroyer, à votre excellence, prospérité continuelment, félicité sans fin !

« Escript à Paris, en notre congrégacion générale solennelment célébrée à Saint-Maturin, le 21 novembre 1430.

« Vostre très humble et dévote fille l'Université de Paris.

Signé : Hébert. »

L'Université obtient enfin le procès.

Le Gouvernement anglais continua néanmoins à montrer si peu de hâte qu'il attendit jusqu'au 3 janvier pour rendre l'ordonnance livrant Jeanne aux tribunaux ecclésiastiques.

L'ordonnance débute par rééditer naturellement les

considérations des sommations universitaires qu'elle termine ainsi :

« Et pourvu que de supersticions, faulses dogmatizacions et autres crimes de lèse-majesté divine, comme l'on dit, elle a esté de plusieurs réputée suspecte, notée et diffamée, avons esté requis très instamment par révérend père en Dieu, nostre ami et féal conseiller l'évesque de Beauvais, juge ecclésiastique et ordinaire de ladite Jehanne, pource qu'elle a esté prinse et apprehendée ès termes et limites de son diocèse.

C'est le « hasard » dont parlait l'Université. L'ordonnance a bien soin d'indiquer qu'elle résulte de la requête de la dite Université, requête à laquelle le Gouvernement anglais « obtempère » et obéit :

« Et pareillement escortés de par nostre très chère et très aimée fille de l'Université de Paris, que icelle Jehanne veuillons faire rendre, bailler et délivrer audit révérend père en Dieu, pour la interroger et examiner sur lesdiz cas, et procéder contre elle selon les ordenances et disposicions de droits divin et canonique, appellez ceulx qui seront à appeller.

« Pour ce est-il que nous, qui, pour révérence et honneur du nom de Dieu, défense et exaltacion de sadicte sainte Eglise et foy catholique, voulons dévotement obtempérer, comme vrais et humbles filz de sainte Eglise aux requestes et instances dudit révérend père en Dieu, et exortacions des docteurs et maistres de nostre dite fille l'Université de Paris ; ordonnons et consentons que toutes et quantes fois que bon semblera audit révérend père en Dieu, icelle Jehanne lui soit baillée réalment et de fait par nos gens et officiers qui l'ont en leur garde, pour icelle interroguer et examiner et faire son procès, selon

12.

Dieu, raison et les droiz divin et sains canons, par ledit révérend père en Dieu.

« Si donnant en mandement à noz dictes gens et officiers, qui icelle ont en garde, que audit révérend père en Dieu baillent et délivrent réalment et de fait, sans refuz ou contredit aucun, la dite Jehanne, toutes et quantes fois que par lui en seront requis ; mandons en oultre à tous nos justiciers, officiers et subgez tant Français comme Anglais, que audit révérend père en Dieu et à tous autres, qui sont et seront ordonez pour assister, vacquer et entendre audit procès, ne donnent de fait ne autrement aucun empeschement ou destourbier ; mais, si requis en sont par ledit révérend père en Dieu, leur donnent garde, aide et défense, proteccion et confort, sur peine de griefve punicion. »

Mais les Anglais natures pratiques, n'entendaient pas livrer pour cela leur prisonnière de dix milles livres ; ils voulaient bien la confier pour examen au clergé ; mais sans déposséder, non.

Aussi l'ordonnance contenait-elle cette restriction formelle, et d'importance :

« *Toutesvoies, c'est nostre entencion de ravoir et de reprendre par devers nous icelle Jehanne, se ainsi estoit qu'elle ne fust convaincue ou actainte des cas dessusdiez ou d'aucun d'eulx ou d'autres touchans ou regardans nostre dite foy* »

Si elle sera « convaincue ou actainte », telle devient la question.

Le clergé eut le triste courage de mener ce procès, qu'il avait exigé ; fut assez ignorant pour discuter solennellement pendant des mois si les créations hallucinatoires du cerveau endolori de Jeanne étaient des anges envoyés directement par Dieu et venant tout droit du paradis, ou bien des démons arrivant de l'enfer ; fut assez inhumain, profitant d'un hasard de la guerre, pour s'acharner sur une prisonnière de guerre, conquise par autrui, et pour aggraver la captivité d'une pauvre brave et honnête fille par le long tourment d'une accusation pendant laquelle s'agitait sans cesse, devant la malheureuse, le spectre de la plus terrible des morts ; et si ce clergé conclut par ne pas demander le supplice pour sa victime, au moins commît-il cette chose qui apparaît justement aujourd'hui comme une monstruosité, cette iniquité de déclarer coupable une malade affectée de visions, de proclamer qu'il fallait la punir, par toute peine qu'on voudrait, pourvu qu'on ne lui brisât pas les membres et qu'on ne la mit pas à mort.

Composition du Tribunal.

Le tribunal fut ainsi composé :

Président : l'évêque de Beauvais, Pierre Cauchon, né à Reims, licencié en droit canon, docteur en théologie, ancien recteur de l'Université de Paris ;

Juge : le vice-inquisiteur Jean Lemaitre, qui assez longtemps se refusa à prendre part au procès ;

Promoteurs : l'évêque de Noyon, Jean de Mailly et le chanoine de Bayeux et de Beauvais, Jean d'Estivet ;

Conseiller instructeur : le licencier en droit canon Jean de la Fontaine ;

Greffier : le chanoine et curé de la paroisse Saint-Nicolas, Guillaume Manchon ; le curé de Notre-Dame-de-la-Ronde, Guillaume Colles ou Boisguillaume ; le curé de Bacqueville de Martel, Nicolas Taquel ;

Rapporteur : le chanoine-trésorier la de cathédrale de Rouen, Raoul Roussel de Vernon ;

Autres membres : l'évêque de Thérouanne, Louis de Luxembourg ;

Le maître ès arts, docteur en théologie, ancien recteur de l'Université, chanoine de Paris et de Besançon, Jean Beaupère ;

Le bachelier en théologie, recteur émérite de l'Université, chanoine d'Amiens, de Lyon et de Therouanne, Thomas de Courcelles ;

Le docteur en théologie Gérard Feuillet ;

Le docteur en théologie, prédicateur renommé, Nicolas Midi ;

Le docteur en théologie, ancien recteur de l'Université de Paris, chanoine de Rouen, Pierre Morice ;

Le docteur en théologie, Jacques de Touraine ;

Le maître ès arts, bachelier en théologie, chanoine de la cathédrale de Rouen, Nicolas Loiseleur ;

Le licencié en droit civil et en droit canon, chanoine de la cathédrale de Rouen, Robert Barbier ;

Le bachelier en théologie, chanoine de la cathédrale de Rouen, Nicolas Coppequesne ;

Le licencié en droit canon, bachelier en théologie, chanoine de la cathédrale de Rouen, archidiacre d'Eu, Nicolas de Venderès ;

Le licencié en droit civil, bachelier en droit canon, chanoine de la cathédrale de Rouen, Jean Alépée ;

Le licencié en droit canon, avocat près de l'Officialité de Rouen, chanoine de la cathédrale, Raoul Anguy ;

Le maître ès arts, licencié en droit canon, ancien promoteur de l'Université de Paris, chanoine official de Rouen, Jean Basset ;

Le bachelier en théologie, chanoine de la cathédrale de Rouen, Guillaume de Bandribosc ;

Le licencié en droit canon, chanoine et chantre de la cathédrale de Rouen, Jean Brullot ;

Le licencié en droit civil, bachelier en droit canon, chanoine de la cathédrale de Rouen, Nicolas Caval ;

Le licencié en droit canon, chanoine de la cathédrale de Rouen, Bureau de Cormeilles ;

Le licencié en droit civil, chanoine de la cathédrale de Rouen, Geoffroy de Cretay ;

Le licencié en droit civil et en droit canon, chanoine chancelier de la cathédrale de Rouen, ancien aumônier de Charles VI, Gilles Deschamps ;

Le docteur en médecine, chanoine de la cathédrale de Rouen, chancelier de l'église de Bayeux, Guillaume Desjardins ;

Le licencié en droit canon, chanoine de la cathédrale de Rouen, Jean Duchemin ;

Le chanoine de la cathédrale de Rouen, Guillaume Dudésert ;

Le maître ès arts, docteur en droit canon, chanoine de la cathédrale de Rouen, ancien doyen de la Faculté des décrets de Paris, Jean Garin ;

Le maître ès arts, licencié en droit civil et en droit canon, chanoine de Notre–Dame-de-la-Ronde et de la cathédrale de Rouen, Denis Gastinel ;

Le licencié en droit civil et en droit canon, avocat près de l'Officialité de Rouen, chanoine de la cathédrale, Jean Leroux ;

Le chanoine de la cathédrale, de Rouen, Jean Leroy ;

Le licencié en droit civil, chanoine de la cathédrale de Rouen, archidiacre de Caux, André Marguerie ;

Le chanoine de la cathédrale de Rouen, Jean Maugier ;

Le licencié en droit canon, avocat près l'Officialité de Rouen et chanoine de la cathédrale, Aubert Morel ;

Le maître ès arts, chanoine de la cathédrale de Rouen, Robert Morellet ;

Le licencié en droit canon, chanoine de Rouen et de Paris, Jean Pinchon ;

Le docteur en droit canon, chanoine de la cathédrale, Pasquier de Vaux :

Le licencié en droit civil et en droit canon, prieur de Sigy, ayant rang de prélat, Pierre de la Cricque ;

Le licencié en droit civil et en droit canon, prieur de la collégiale de Saint-Lôt, ayant rang de prélat, Guillaume Laboure ;

Le docteur en théologie, prieur de Longueville, ayant rang de prélat, Pierre Migier ;

Le docteur en théologie, abbé de Fécamp, Gilles Duremort ;

Le docteur en droit civil et en droit canon, abbé de Cormeilles, Guillaume Bonnel ;

Le docteur en droit civil et en droit canon, abbé de la Trinité du Mont-Sainte-Catherine, Guillaume de Conti ;

Le licencié en droit, ancien aumônier du pape Martin, abbé de Saint Corneille-de-Compiègne, Jean Dacier ;

L'abbé du Bec, Thomas Frique ;

Le docteur en théologie, chancelier de Normandie, abbé du Mont-Saint-Michel. Robert Jolivet ;

Le licencié en droit civil et en droit canon, abbé de Saint-Georges de Bocherville, Jean Labbé ;

Le docteur en droit canon, abbé de Jumièges, Jean Leroux ;

Le licencié en droit civil et en droit canon, Guillaume de Mesle ;

Le licencié en droit civil et en droit canon, abbé de Préaux, Jean Moret ;

Le docteur en théologie, abbé de Mortemer, Guillaume Theroulde ;

Le docteur en théologie, chanoine et archidiacre d'Evreux, Jean de Châtillon ;

Le docteur en théologie et recteur émérite, chanoine de Langres, de Laonet de Beauvais Guillaume Erard ;

Le docteur en théologie, prêtre anglais, secrétaire des commandements du roi d'Angleterre, William Hatton ;

Le bachelier en théologie, moine dominicain, Martin Ladvenu ;

Le bachelier en théologie, moine dominicain, Isambard de la Pierre ;

Le célèbre docteur en théologie Emengant ;

Le non moins célèbre docteur en droit civil et en droit canon, Thomas Trêfvet ;

Le professeur de théologie, moine Augustin, Jean Lefèvre ;

Le licencié en médecine, Guillaume Delachambre ;

Le docteur en médecine, maître ès arts, chanoine de la Sainte-Chapelle de Paris, Jean Tiphaine.

Loyauté de l'instruction.

A cette énumération de dignitaires ecclésiastiques, éloquente en sa sécheresse, et nécessaire, il est inutile d'ajouter la soixantaine de menus assesseurs et consulteurs, ceux-ci de haute renommée, qui eurent à dire leur avis dans ce procès en matière de foi. Il n'y a pas lieu non plus d'être étonné de tant de gens mis en jeu dans l'affaire il y en eut bien d'autres dans celle de l'avocat Seguent, jugée à la même époque ; tous les procès, même de droit commun, comportaient alors des quantités énormes de magistrats ; il n'en est guère autrement de nos jours pour de simples affaires de cour d'appel. L'intention était de frapper l'imagination populaire, peut-être un peu de justifier par quelque occupation l'existence d'une immense quantité de dignitaires du clergé ; et certainement aussi de recueillir le plus de lumière possible.

Car il ne faut pas s'y tromper. Ces hommes étaient convaincus qu'ils agissaient dans la plénitude du droit ; ces procès en hallucination qui nous paraissent à nous monstrueux, ils les poursuivaient en toute sécurité de conscience, dans leur ignorance épouvantable.

Tout comme Jeanne elle-même, ce clergé était persuadé que les humains pouvaient recevoir visite d'anges ou de démons. Leur religion leur enseignait en outre que quiconque recevait visite de bons esprits devait être honoré, que quiconque avait celle de mauvais esprits était complice, suppôt de l'enfer, maudit, malfaiteur, brebis galeuse à extirper du troupeau.

Imbu de cette doctrine chrétienne, le tribunal chargé de juger Jeanne se mit à l'œuvre le plus consciencieusement du monde, et déploya le plus grand respect de toutes les formes et formalités.

Cauchon voulait faire un « beau procès » : l'expression a quelque analogie avec celle d'un médecin quand il dit de nos jours qu'il a un « beau sujet ». —Jeanne, enfermée dans une vaste salle du château, fut le 20 février, citée à comparaître, et dès le lendemain, elle subit son premier interrogatoire « en la chapelle royale du château ».

Ces interrogatoires se poursuivirent d'abord dans la chapelle où se trouvaient réunis à la fois jusqu'à soixante-trois juges, et ensuite en plus petit comité dans la chambre de Jeanne. Ces deux séries d'interrogatoires correspondaient à ce que nous nommerions aujourd'hui l'instruction, avec cette différence que les nôtres sont secrets et que ceux-là avaient beaucoup de témoins et participants.

Auparavant on avait eu soin d'envoyer dans le pays natal de Jeanne et dans différents autres où elle avait demeuré, afin d'y procéder à une enquête sur sa vie et ses mœurs.

Les interrogatoires.

Ses mœurs, on n'avait pu les trouver que pures, et toutes recherches durant le procès durent aboutir à cette conclusion : « Jeanne est vierge », ce qui était d'un poids énorme pour la fin du procès ; car il devenait impossible de conclure que Jeanne était inspirée par le démon, puisque tout le monde savait à cette époque que quand le Diable se faisait inspirateur d'une fille, il débutait par la déflorer.

La vierge Jeanne ne pouvait donc être une démoniaque.

Ses réponses aux juges, elles devaient résulter de sa nature, de sa croyance, de ses hallucinations.

Elle affirma ses visions ; elle affirma avoir été visitée sous forme corporelle par saint Michel, l'être maintes fois par jour par sainte Catherine et sainte Marguerite, avoir reçu et recevoir leurs ordres, avoir obéi et ne devoir obéir qu'à ces ordres.

Alors la lutte s'engagea ardente entre ces hommes d'Eglise attachés à leur dogme et cette visionnaire qui voyait et ne pouvait pas dire qu'elle ne voyait pas. Tout ce qu'elle devait finir par concéder, à bout de lutte et dans des heures de dépression, serait, non point qu'elle n'avait pas vu d'esprits, mais que ces esprits l'avaient trompée.

Et quand le 24 mai, jour de son abjuration publique, aussi le 30 mai au matin, avant le prononcé, devant le peuple, du jugement définitif, elle reconnut avoir été ainsi trompée, et déclara en conséquence s'en rapporter aux clercs de savoir si ces esprits étaient bons ou mauvais, ce fut parce que ses voix, lui ayant sans cesse promis qu'elle serait délivrée de prison, lui avaient manqué de parole définitivement. S'échapper du château de Rouen, comme elle avait tenté de s'échapper de celui de Beaulieu et de celui de Beaurevoir, ne sortit pas un moment de sa pensée pendant tout le procès.

Franche et rude, elle ne cache pas son projet ; ses voix lui ont promis qu'elle sera délivrée, elle en cherche les moyens, ne comprenant pas que s'en vanter c'est s'en enlever toute chance.

Dès le premier interrogatoire elle réclame contre les fers qu'on a eu la cruauté de lui mettre. Est-ce pour adoucir sa position ? Nullement, c'est en vue de fuir.

« Vous avez tenté plusieurs fois de vous évader, lui dit-on. C'est à cause de cela, et pour vous garder plus sûrement qu'il a été ordonné de vous mettre aux fers. »

« C'est vrai ; répond-elle, j'ai voulu m'évader et je

le voudrais encore, » et elle ajoute : « Comme c'est licite à tout prisonnier. »

La conséquence de cette fougue, c'est qu'on la lie et qu'on la surveille plus étroitement.

Elle n'en croit pas moins qu'elle sera sauvée, « aussi fermement dit-elle, que si j'y étais déjà ». Sainte Catherine lui a dit qu'elle aurait du secours ; et elle fait part aux juges de ses espérances ; elle ne sait, leur confie-t-elle, si ce secours consistera à être délivrée de la prison, ou si, quand elle sera au jugement, il y aura quelque trouble par quoi elle pourra être délivrée.

L'habit de femme.

Obéissant toujours à cette idée fixe, elle emploie des finesses d'une touchante naïveté.

Il est une chose à laquelle elle tient, c'est à son habit d'homme ; cet habit, c'est la possibilité de recommencer la guerre ; pour ne pas l'abandonner, elle affronte tout : admonitions, jugement, menaces de torture même ; cependant elle consentirait à reprendre l'habit de femme si on lui permettait de partir ; mais incapable comme toujours de taire son idée secrète, elle continue : « Si on me donnait congé de partir en habit de femme, je reprendrais bientôt l'habit d'homme et ferais ce qui m'est commandé par Notre-Seigneur. »

Rien ne compte pour elle que son Seigneur représenté par ses voix ; elle ne connaît que ses Voix, ne s'en rapporte qu'à ses Saintes. Que lui parle-t-on de se soumettre à l'autorité de l'Église, quand elle reçoit directement les conseils de Dieu ? Pour toute chose, elle s'en rapporte à son Seigneur. Comme elle est ignorante en matière de théologie, on lui offre des théologiens pour la conseiller ; elle les refuse ; on lui demande de s'en remettre à ceux qu'elle voudra du parti français; elle repousse l'offre ; elle ne veut pas davantage de l'avis écrit de ses examinateurs de Poitiers. Elle ne s'en rapporte qu'à ses voix.

Et elle se maintient sur ce terrain tout le temps de l'instruction, faiblissant sur des détails, en ces moments de dépression habituels aux névrosés, mais se relevant dès qu'il s'agit de son dogme à elle, de la foi en la parole ses voix.

L'instruction se clôt dans ces conditions. Le 24 mars, on fait lecture à Jeanne du registre contenant les questions à elle posées et ses réponses. C'est pendant cette lecture qu'elle se rappelle qu'elle a pour surnom Darc ou Romée. Et toujours à son idée fixe, quand vient le passage où il est question qu'elle reprenne habit de femme, elle dit :

« Donnez-m'en un pour aller chez ma mère, et je le prendrai.»

« Le garderez-vous, demande un docteur? »

« Je le prendrai, répond-elle, pour être hors de vos prisons, et quand je serai hors, je prendrai conseil sur ce que je devrai faire. »

Quant à promettre de renoncer à cet habit de guerrier, jamais. Tout le procès portait en réalité sur ce point ; elle ne faiblira qu'au dernier moment, se jugeant enfin trompée.

Les soixante-dix articles. Jeanne refuse
des conseils.

Mais auparavant elle subit sans se démentir les épreuves du procès ordinaire. Les résultats des informations faites dans les pays traversés par elle, ainsi que le résumé de ses propres réponses furent récapitulés en soixante-dix articles qui formaient l'acte d'accusation, rédigé dans cette forme exagérée, ampoulée, qui est le propre de ces sortes de documents.

Avant la lecture l'évêque exhorta Jeanne en lui offrant une fois encore de lui fournir des conseils. Bien qu'infidèlement, quant à la littérature, surtout pour la réponse de Jeanne, qui parlait patois, mais sans cependant dénaturer le sens, M. Joseph Fabre a traduit ainsi ce passage :

« Toutes les personnes ici présentes sont des hommes d'Eglise, de science consommée, experts en droit divin et humain, qui veulent et entendent procéder envers vous, en toute piété et mansuétude, comme ils y ont toujours été disposés, ne cherchant ni vengeance ni châtiment corporel, mais votre instruction et votre retour dans la voie de la vérité et du salut.

« Comme vous n'êtes ni assez docte ni assez instruite, soit dans les lettres, soit dans les matières ardues dont il s'agit, pour prendre conseil de vous-même sur ce que vous devrez faire ou répondre, nous vous offrons de choisir pour conseil un ou plusieurs des assistants à votre volonté. Si vous ne savez choisir, nous vous donnerons nous-mêmes quelques hommes pour vous conseiller sur ce que vous devez faire ou répondre, à cette condition cependant que sur les questions de fait, vous ferez vos réponses de vous-même en toute vérité. En même temps, nous vous requérons de prêter serment de dire la vérité sur les choses qui toucheront votre fait. »

A quoi Jeanne répondit :

« Premièrement, de ce que vous m'admonestez touchant mon bien et notre foi, je vous remercie et toute la compagnie aussi. Quant au conseil que vous m'offrez, je vous en remercie également ; mais je n'ai pas l'intention de me départir du conseil de Notre-Seigneur. »

Thomas de Courcelles, le plus ardent parmi ces juges, ce qui plus tard, même après la revision et la condamnation de ce procès conduit et rédigé par lui, ne l'empêcha pas d'être au plus avant dans la faveur de Charles VII, Thomas de Courcelles donna lecture à Jeanne du fatras des soixante-dix articles accusateurs.

Toute la redondance et les menaces latentes de ce document ne purent modifier les réponses de Jeanne ; jamais sa franchise ne lui permettrait de nier ses visions, d'autant qu'elle ne cessait d'y être sujette ; et quant à déclarer qu'elle avait été trompée par ses voix, l'expérience n'était pas encore acquise, et rien ne lui en faisait supposer encore la possibilité.

Les douze articles.

Jeanne ne se rétracta donc point et son procès fut continué en forme légale. L'emphase des soixante-dix articles, par laquelle on avait voulu surtout frapper l'imagination de la brave fille fut abandonnée et tous les efforts furent faits pour rendre la procédure irréprochable, peut-être point par honnêteté des juges, mais en tous cas pour éviter les cas d'annulation.

Toutes les réponses de Jeanne furent donc résumées, avec une grande exactitude, en douze articles destinés à devenir la base finale du jugement. Et, malgré la foule de ces savants théologiens, curés, abbés, prieurs, prélats, des bacheliers, licenciés, docteurs en droit civil et en droit canon, des six célèbres universitaires délégués par les facultés de Paris qui le composaient, le tribunal de Rouen, continuant à mettre dans cette cause tout le sérieux alors usité dans les matières où les juges étaient atroces de par leur code mais remplis de cas de conscience, fit solennellement porter les douze articles à Paris, pour qu'avis fût donné sur eux par les facultés solennellement réunies, de sorte que la responsabilité du jugement à porter allait englober l'ensemble de ces grands corps de l'Eglise.

Ces douze articles portés aux facultés de Paris étaient accompagnés d'une consultation des ecclésiastiques réunis à Rouen. Le sommaire en est édifiant :

« En notre âme et conscience, tout bien pesé et examiné, notre avis est qu'il faut penser que les apparitions et révélations dont cette femme se vante sont ou des impostures dues à la malice humaine, ou des illusions procédant de l'esprit malin ; nous trouvons dans son fait des divinations superstitieuses, des scandales impies, des propos présomptueux, des blasphèmes contre Dieu et les saints, des impiétés envers père et mère, la violation du précepte de l'amour du prochain, de l'idolâtrie, enfin des choses sentant le schisme ou l'hérésie et allant contre l'unité, l'autorité et les pouvoirs de l'Eglise. »

Jeanne condamnée par les Facultés de Paris.

Voilà ce que tant d'illustres ecclésiastiques crurent trouver dans un phénomène hallucinatoire ; les deux illustres facultés ne devaient pas être en reste sur ces belles conclusions.

Le 19 avril, l'Université fut convoquée à Saint-Bernard pour entendre la lecture des douze articles et de lettres qui y étaient jointes ; l'étude de la décision à prendre fut confiée à la faculté de théologie et à la faculté des décrets, qui mirent plus de trois semaines à leur méticuleux examen, dont le résultat fut enfin soumis le 14 mai à toutes les facultés réunies solennellement.

L'illustre faculté de théologie déclarait que les apparitions et révélations de Jeanne étaient superstitieuses, procédant des esprits malins et diaboliques, Belial, Satan et Béhémoth, que c'était mensonger, présomptueux, séducteur, pernicieux, attentatoire à la dignité des anges, que Jeanne était coupable de vaine jactance, de serment illicite d'erreur sur la foi et sur le libre arbitre, blasphématrice envers Dieu, contemptrice de Dieu, mal pensante, imitatrice d'usages païens, suspecte d'idolâtrie ainsi que d'exécration de son sexe et de ses vêtements : qu'elle était traîtresse, perfide, cruelle, séditieuse, altérée de sang humain.

Quant à la Faculté des décrets, il lui semblait par examen de conseil ou de doctrine « et pour parler charitablement », que Jeanne était schismatique, puisqu'elle désobéissait à l'Église ; apostate, puisqu'elle s'était fait couper la chevelure que Dieu lui avait donnée pour voiler sa tête; qu'elle était menteuse devineresse et présomptueuse en se croyant sûre d'aller au paradis.

« En conséquence, concluait la Faculté, si la dite femme, charitablement exhortée et dûment avertie par les juges compétents, ne veut pas revenir de bon gré à l'unité de la foi catholique, abjurer publiquement son erreur selon la décision qui plaira audit juge et donner satisfaction convenable, elle doit être abandonnée à la discrétion du juge séculier pour en recevoir le châtiment dû à l'importance de son forfait. »

L'accord unanime des Facultés fut constaté en ces termes :

« L'Université, par l'organe du seigneur recteur, d'après la délibération conforme de toutes les Facultés et Nations, a conclu qu'elle avait pour agréables, ratifiait et faisait siennes les décisions et qualifications précédemment énoncées par la Faculté de théologie et par la Faculté des décrets. »

Le même jour, 14 mai, l'Université fit deux lettres d'envoi, l'une à l'évêque président du tribunal, l'autre au roi anglais. Dans cette dernière l'Université disait:

« Nostre très redouté et souverain seigneur, après grandes et mûres délibérations, nous envoyons par devers Vostre Excellence nos advis, conclusions et délibérations : et sommes toujours prêts à nous employer entièrement en telles matières touchant directement nostre foy, comme aussi nostre profession le veult expressément. »

Elle concluait ainsi : « Finalement Nous supplions humblement à Vostre Excellente Hautesse que très diligemment ceste matière soit par justice menée à fin brièvement ; car, en vérité, la longueur et délation est très périlleuse, et si est très nécessaire, sur ce; notable et

13.

grande réparacion, à ce que le peuple qui, par icelle femme, a esté moult scandalizé, soit réduit à bonne et sainte doctrine et crédulité. Tout à l'exaltacion et intégrité de nostredicte foy, et à la loange d'icelle éternelle Divinité, qui Vostre Excellence veuille maintenir par sa grâce en prospérité jusques en gloire perdurable.

« Vostre très humble fille l'Université de Paris. »

Nécessité d'une sentence des juges séculiers.

Avant d'envoyer les douze articles à l'Université de Paris, les juges de Rouen avaient, le 18 avril, tenté près de Jeanne une démarche pour la faire revenir sur ses déclarations.

« Jeanne, lui avait dit l'évêque de Beauvais, si vous connaissez d'autres docteurs aptes à vous donner de profitables conseils pour le salut de votre corps et de votre âme, nous vous offrons de vous les envoyer pour qu'ils vous avisent et instruisent sur ce que vous devez faire, soutenir et croire. Nous sommes des hommes d'Eglise ; disposés par notre volonté et notre inclination, non moins que par notre vocation, à ménager, par tous moyens, le salut de votre âme et de votre corps, comme nous le ferions pour nos proches et pour nous-mêmes. Nous serons contents de vous munir chaque jour de conseillers pour votre juste instruction. En un mot, nous ferons tout ce qu'a coutume de faire, en pareilles circonstances, l'Eglise qui ne ferme pas son sein à qui lui revient.

« Jeanne, tenez bien compte de la présente admonition qui vous est adressée pour votre salut, et donnez-y une suite efficace. Si vous allez contre, pour vous en tenir à votre sens propre et faire à votre tête malgré votre inexpérience, il faudra que nous vous abandonnions. Or, considérez quel péril vous encourrez en ce cas. C'est ce péril que nous cherchons à vous éviter, de toutes nos forces et de toute notre affection. »

Il y avait quelque chose qui retentissait dans le cerveau de Jeanne, plus puissamment que les paroles de l'évêque ; c'était l'ébranlement hallucinatoire. Jeanne entendait les évêques mais elle obéissait à ses hallucinations. Entre les deux paroles elle ne pouvait encore hésiter. Elle refusa une fois de plus de se soumettre à l'Eglise.

Le 2 mai, on lui adressa cette fois en présence de soixante-trois ecclésiastiques une nouvelle exhortation. Jeanne répondit : « Mes révélations sont de Dieu, sans autre intermédiaire : de tout ce que vous m'avez dit sur la témérité de ma croyance et sur l'annonce des choses futures, je m'en rapporte à mon juge, c'est-à-dire à Dieu. »

Alors Châtillon emploie le grand moyen, la menace d'être laissée par l'Eglise, c'est-à-dire livrée au pouvoir séculier.

« Si l'église vous laissait, vous seriez en grand péril de corps et d'âme et vous pourriez bien vous mettre en danger d'encourir, outre les peines du feu éternel quant à l'âme, la peine du feu corporel quant au corps, *et par la sentence d'autres juges.* »

Menace vaine. Jeanne ne cède pas ; elle se révolte au contraire et menace à son tour. Elle pense à la délivrance promise par ses voix et elle répond : « Vous ne ferez pas ce que vous dites contre moi qu'il ne vous en prenne mal au corps et à l'âme. »

Jeanne a touché juste. Ce n'est pas du côté de l'âme que sont en effet inquiets ces ecclésiastiques : à ce point de vue ils ne doutent pas d'être dans leur droit en conduisant ce procès ; mais en ce qui touche le corps, on ne sait pas au juste ce qui peut arriver. La puissance anglo-bourguignonne n'est pas déjà si incontestable. Aussi les pauvres juges sont-ils assez ennuyés, et maître Châtillon le montre bien en répondant à son tour à Jeanne.

« Mais enfin dites nous une cause pourquoi vous ne vous en rapportez pas à l'Eglise. »

Jeanne ne voulut pas faire d'autre réponse.

Déjà on l'avait menacée *de la sentence d'autres juges,* et elle n'y avait pas cru davantage une première fois qu'une seconde fois. Ses hallucinations lui disaient le contraire.

Mais cette mention d'une sentence d'autres juges mérite de fixer l'attention.

L'Eglise, en effet, pouvait faire des procès : condamner en matière de foi, imposer des pénitences ; mais les sanctions corporelles ne lui appartenaient pas. Elle devait se contenter de déclarer le justiciable hérétique, schismatique et autres choses analogues ; mais cela fait, elle ne pouvait que remettre le condamné au pouvoir séculier.

Omnipotence du pouvoir séculier.

Quand ce pouvoir séculier avait ainsi reçu le condamné il devenait juge à son tour ; selon ses convenances il faisait des accusés ce que bon lui semblait. En

Angleterre, en Normandie, par exemple où n'y eut à vrai dire jamais d'inquisition, on se contentait d'une prison plus ou moins longue. Il est telle secte anglaise, réputée fort dangereuse, dont les membres furent condamnés par l'Eglise et abandonnés par elle au pouvoir séculier, et que celui-ci se contenta de garder sous les verrous pendant six mois. A Rouen, l'habitude était, surtout quand il s'agissait de femmes ou de filles, de les faire comparaître solennnellement sur les places, de les « prescher » en grande pompe pour l'édification des fidèles, et, quand on ne les mettait pas de suite en liberté de les réintégrer dans la prison de l'Officialité.

Mais dans les cas, très rares, où le pouvoir séculier se décidait pour la mort, il fallait après la sentence sans sanction de l'Eglise, une *sentence d'autres juges*, un véritable jugement civil, avec des formalités bien établies. A rendre ce jugement, cette sentence, les juges laïques étaient parfois assez longtemps, voire des semaines. En tout cas, jamais l'Eglise ne mettait elle-même en œuvre et le bourreau n'agissait pas sans cette *sentence d'autres juges*.

A l'issue de son procès, Jeanne fut laissée par l'Eglise au pouvoir séculier ; mais les juges laïques ne prononcèrent pas de sentence, et ne livrèrent pas Jeanne au bourreau.

Abjuration de Jeanne.

Le jugement ecclésiastique eut lieu en deux fois.

Jeanne avait résisté à toutes les prières et à toutes les injonctions, même à la vue des instruments de torture, qu'on ne lui avait d'ailleurs montrés qu'avec l'intention de n'y pas recourir ; jusqu'au dernier moment elle devait s'en tenir à sa propre expérience pour décider si ses voix venaient du bon ou du mauvais esprit.

Jeanne abjura cependant, mais seulement à l'heure de la condamnation imminente, à l'heure où la délivrance n'étant pas venue, aucun tumulte ne se produisant sur la place, elle jugea enfin que ses voix l'avaient trompée, et, momentanément résignée, déclara se soumettre aux ecclésiastiques.

Ce fut le 24 mai 1431, presque jour pour jour un an après sa capture sous les murs de Compiègne.

Trois estrades ou « escherfaults » avaient été dressées dans le cimetière de l'église Saint-Ouen. Jeanne en occupait une, les autres étaient remplies par les juges et des personnages de marque. Autour se pressait la multitude de peuple qu'attiraient toujours ces prêches.

Jeanne en effet allait d'abord être « preschée », puis interrogée, exhortée de nouveau devant toute l'assemblée. Et ce devait être cette séance publique qui déterminerait le jugement. Jeanne, qui avait eu un an pour recevoir des conseils et préparer son procès n'ignorait rien de ces formalités ; dans l'espoir de la délivrance et pour lui laisser le temps de se produire, elle n'avait cessé d'user de tous les moyens dilatoires, et peut-être même son abjuration du 24 mai n'a-t-elle été simplement qu'un de ces moyens.

Mais auparavant elle en usa d'un autre qui ne laissait pas que d'être embarrassant pour les juges et devait les porter à réfléchir, en vue des responsabilités de l'avenir.

Jeanne s'était donc laissé « prescher » par le célèbre Nicolas Midi et avait déclaré qu'elle répondrait.

Vint le moment. Elle dit alors que quant à ce qui

était de la soumission à l'Eglise, elle en avait répondu aux juges « et leur avait demandé que toutes les choses faites par elle ou dites fussent envoyées à Rome, près du pape auquel, et à Dieu le premier, elle s'en rapportait ».

L'appel était formel; c'était encore du temps de gagné et ce n'était plus le refus de soumission, Jeanne insista et sur nouvelles exhortations répéta :

« Je m'en rapporte à Dieu et à notre saint-père le pape. »

Cependant cet appel ne pouvait être suspensif de la procédure et n'avait d'autre valeur qu'un avertissement contre une condamnation. La séance continua donc et par trois fois Jeanne fut sommée « de tenir pour vrai ce que les clercs et les gens entendus avaient déterminé au sujet de ses dits et faits ».

Par trois fois Jeanne déclara qu'elle ne pouvait le tenir pour vrai, ce qui en effet était mensonge puisque ses hallucinations, que les clercs niaient, étaient un fait réel, constant.

Alors l'évêque prononça :

« Puisque cette femme ne veut dire autre chose, nous allons prononcer notre sentence définitive. »

Et il commença.

A quel mobile obéit alors Jeanne ? Jugea-t-elle que décidément ses voix l'avaient trompée et que par conséquent elles étaient faux esprit, ou bien se raccrocha-t-elle à la promesse qu'on lui fit de la mettre en prison ecclésiastique si elle abjurait, et par conséquent chercha-t-elle à retrouver ainsi quelques chances d'évasion?

Quoi qu'il en ait été, elle interrompit la lecture de l'évêque, et déclara se soumettre à tous les ordres de l'Eglise et à tout ce que les juges voudraient dire et sentencier ; que puisque les gens d'Eglise disaient que ses apparitions et révélations n'étaient point à soutenir ni à croire, elle ne voulait point les soutenir.

En conséquence et pour donner forme légale à sa déclaration elle répéta à haute voix une formule d'abjuration qu'on lui lût en français et qui avait d'avance été préparée en prévision de l'événement.

Jeanne se rétracte.

Du coup tout jugement tombait ; il n'y avait plus d'hérésie, plus de schisme, plus de condamnation possible ; la cérémonie n'avait plus que le caractère d'une admonition suivie d'une amende honorable.

Aussi le tribunal déclara-t-il continuer à considérer Jeanne comme un membre de l'Eglise, et l'affranchir de tous les liens de l'excommunication.

Mais, comme dans tout cas analogue, cette restriction était faite « pourvu toutefois que tu sois revenue à l'Eglise avec un cœur vrai et une foi non feinte et que tu observes ce qui t'a été enjoint ou devra l'être ».

Ce qui lui fut enjoint ce fut de prendre dorénavant l'habit de femme et, comme pénitence de sa longue résistance, de garder perpétuelle prison.

Jeanne avait espéré que ce serait prison ecclésiastique, mais le Gouvernement anglais n'avait pas, lui, oublié la restriction de sa lettre : « Toutes voies, avait-il dit, c'est nostre entencion de ravoir et reprendre par devers nous icelle Jehanne. »

Il reprit donc au château sa prisonnière de dix mille

livres, restée simple prisonnière de guerre, avec cette aggravation que la captivité devenait perpétuelle;

Jeanne fut vivement courroucée; elle ne se révolta cependant pas dès les premiers moments, et elle revêtit l'habit de femme qu'on lui fournit.

Mais échappée au danger immédiat, rendue à la tranquillité, à ses visions, à ses crises, à ses instincts, à ses aspirations, à ses colères, elle se reprocha bien vite ce qui lui apparut comme une faiblesse, d'autant plus que ses calculs avaient été vains; elle rejeta bientôt ce vêtement de femme qui était la négation de toutes ses volontés, l'abandon de tous ses désirs, de tous ses projets.

Elle reprit donc au bout de deux ou trois jours le vêtement d'homme. Elle restait d'ailleurs d'accord avec sa naïve logique et ses réponses pendant le procès. Elle avait souvent dit : Si vous m'accordez telle ou telle faveur, je m'habillerai selon mon sexe; elle n'avait jamais ajouté : et je resterai ensuite toujours ainsi vêtue, mais elle avait au contraire toujours déclaré qu'elle suivrait sur ce dernier point le conseil ultérieur de ses visions, c'est-à-dire, pour parler exactement, les idées qui lui viendraient.

Après le prêche de Saint-Ouen, elle avait laissé son habit d'homme; ensuite l'idée lui venait de le revêtir à nouveau, elle le revêtait, et ce fut sous cet habillement que les juges la trouvèrent quand ils vinrent le 28 dans sa prison pour s'assurer de ses dispositions.

Alors une scène se produisit, passionnelle, pendant laquelle Jeanne fut certainement en pleine crise. A chaque question nouvelle qu'on lui posait, elle s'excitait de plus en plus, faisant reproche qu'on lui eût manqué de parole, rétractant point par point toute son abjuration du jeudi, déclarant qu'elle aimait mieux mourir, faire sa pénitence en une fois qu'endurer plus longuement peine en chartre.

Vers la fin de la séance cependant elle commença à fléchir. « Si c'est le vouloir des juges, dit-elle, je reprendrai l'habit de femme. » Mais sur la réalité de ses voix elle resta pour ce jour inflexible.

Nouvelle abjuration de Jeanne.

Dès lors le procès recommençait, pour ainsi dire, à la phrase où l'évêque avait interrompu la lecture de sa sentence au prêche du cimetière de Saint-Ouen.

Dès le lendemain 29 mai, les juges furent réunis pour délibérer à nouveau. Tous furent d'accord que Jeanne devait, cette fois, être abandonnée au pouvoir séculier; mais il se produisit pour le libellé de la sentence une divergence de très grande importance.

Les uns, comme maître Gastinel, disaient : « Jeanne doit être abandonnée à la justice séculière sans supplication miséricordieuse. » C'était vouloir le supplice.

Les autres, comme maître Nicolas de Venderès, disaient : « Il faudra laisser Jeanne à la justice séculière, en priant celle-ci de vouloir bien agir doucement avec elle. »

La grande majorité opina pour que ladite justice séculière fût priée d'agir doucement, et cette recommandation prit en effet place à la fin de la sentence.

Cette sentence définitive fut prononcée le 31 mai. Toutefois il s'était auparavant produit dans la prison un fait nouveau, qui fut ajouté à plusieurs autres, un des motifs du salut de Jeanne.

Celle-ci en effet avait cessé de résister ; elle avait bien maintenu la réalité de ses visions, sa droite nature ne lui eût pas permis de nier ce phénomène auquel elle était sujette depuis huit longues années ; mais reconnaissant enfin la fausseté de son espoir de délivrance, qui lui avait tant de fois rempli le cerveau durant ces phénomènes, elle avait, le matin même du 31 mai, avant de comparaître, déclaré dans sa chambre du château, qu'elle comprenait et reconnaisait avoir été trompée par ses voix, que celles-ci lui avaient promis qu'elle serait délivrée et tirée de sa prison, et qu'elle voyait bien le contraire ; Jeanne avait donc déclaré et confessé que, puisque les gens d'Eglise tenaient et croyaient que s'il y avait eu des esprits venant à elle, ceux-ci ne pouvaient procéder que de malins esprits, elle s'en rapportait à la croyance desdits gens d'Eglise.

Cette rétractation produisit de suite son effet ; les juges admirent immédiatement Jeanne à la communion, l'eucharistie lui fut donnée avant qu'on la menât à la place du Vieux-Marché, où elle devait être une fois encore prêchée devant le peuple, pour ensuite être remise au pouvoir séculier.

Comme au cimetière Saint-Ouen, trois estrades, qu'on appelait échafauds, avaient été dressées, l'une pour les juges ecclésiastiques, l'autre pour les juges laïques et les notabilités, la troisième pour Jeanne, qui se trouvait placée en face de l'évêque.

Celui-ci prononça la sentence suivant la formule. Conformément à la délibération antérieure des juges, la sentence priait la justice séculière d'agir doucement avec Jeanne, c'est-à-dire de ne la condamner ni à la mutilation des membres ni à la mort.

La justice séculière ne prononce pas de sentence.

La cérémonie du prêche et de cette lecture accomplie tout le monde se retira pour dîner (nous dirions déjeuner car c'était le matin), et Jeanne fut réintégrée dans sa prison.

Quelle fut la sentence de la justice séculière, c'est-à dire du bailli représentant le pouvoir anglais ?

Il n'y en eut pas.

Rouen n'était pas un pays de bûchers ; les ecclésiastiques y ont condamné un tas de gens ces temps-là, parmi lesquels nombre de femmes, sans qu'aucune d'elles eût à subir de supplice.

Il en fut de même pour Jeanne ; les Anglais se contentèrent de la flétrissure religieuse prononcée contre les soi-disant esprits de Jeanne dès lors catalogués mauvais esprits, ce qui était aussi par conséquent une flétrissure pour le Gouvernement de Charles VII qui avait utilisé le concours desdits mauvais esprits.

Quant à aller plus loin, les Anglais ne le firent point ; ils avaient peu coutume de faire mourir leurs prisonniers, sauf les brigands. C'est ainsi qu'ils acquittèrent leur terrible ennemi Barbazan, qui était tombé en leurs mains et auquel ils avaient fait un procès ; c'est ainsi qu'ils ne firent même nul procès au berger du Gévaudan, lequel fut pris par eux, en combattant contre eux en compagnie du maréchal de Boussac, de la Hire, de Xaintrailles, du grand chancelier Regnault de Chartres, archevêque de Reims et de plusieurs autres, qui l'avaient, comme on sait, de suite engagé pour remplacer Jeanne dans son rôle mystique, après la prise de celle-ci.

Il y avait encore une raison qui sauvegardait Jeanne : elle était vierge ; et il y en avait encore plusieurs autres d'un poids décisif : elle était barroise, c'est-à-dire finalement vassale du duché de Lorraine ; et le duc de Lorraine était à tenir en considération en ce moment où les affaires anglaises marchaient fort mal ; d'autre part, il était toujours bon d'éviter des représailles possibles, et la crainte de ces représailles était le commencement de la sagesse pour ceux qui détenaient des prisonniers de guerre.

La légende du supplice.

Dans le parti français, ceux qui n'avaient pas oublié Jeanne s'étaient, du jour où elle fut aux mains des Anglais, imaginé qu'elle avait été par eux mise à mort sans retard.

Voici à ce propos l'analyse faite par Jean Rogier, d'une lettre adressée aux gens de Reims par leur archevêque, le grand chancelier, Regnault de Chartres :

« Il (Regnault de Chartres) donne avis de la prise de Jehanne la Pucelle devant Compiègne et comme elle ne voulait point croire conseil ; ains faisait tout à son plaisir ; qu'il était venu vers le roy un jeune pastour, gardeur de brebis des montagnes du Gévaudan, en l'évêché de Mande, lequel disait ni plus ni moins qu'avait fait Jeanne la Pucelle et qu'il avait commandement de Dieu d'aller avec les gens du roy et que sans faute les Anglais et les Bourguignons seraient déconfits. *Et sur ce qu'on lui dit que les Anglais avaient fait mourir Jeanne la Pucelle* il répondit que tant plus il leur en mescherrait. »

Or le procès de Jeanne ne se termina que le 30 mai 1431, un an après sa prise.

Quant à s'informer à Rouen, on ne pouvait y songer, puisque la ville ne revint aux Français qu'en 1449, trop tard pour déraciner la croyance qui s'est perpétuée jusqu'à nous, et qui fut dès l'abord indestructible, attendu que la mort de Jeanne avait été prédite par l'enchanteur Merlin.

« De la ville du bois-chesnu, avait dit la prophétie, devra franchir le seuil une pucelle. Cette pucelle, après avoir forcé toutes les citadelles, mettra à sec par sa seule haleine les fontaines empoisonnées. Elle se répandra en pitoyables pleurs et remplira l'île d'une clameur horrible. Le cerf à dix branches la tuera. »

Comme près de Domrémy, pays de Jeanne, il y avait un bois « chesnu », que Jeanne la Pucelle avait assisté à des sièges, que le roi d'Angleterre avait environ dix ans, ce qui signifiait le cerf à dix branches, il était évident que Jeanne avait été tuée par les Anglais ; et à Rouen même, il n'y a pas bien longtemps qu'on ne montre plus la grande chaudière qui avait servi à la faire cuire.

Fort heureusement nous pouvons aujourd'hui penser à ces choses sans frémissement, car la lumière s'est faite, consolante ; les chercheurs ont mis au jour des documents pour l'histoire vraie, entre autres celui-ci :

Jeanne est mariée.

« Nous, Robert des Armoises, chevalier, seigneur de Tichiemont, et Jehanne du Lys, la Pucelle de France, dame dudit Tichiemont, ma femme, licenciée et auto risée de moi, Robert dessus nommé pour faire agréer et accorder tout ce entièrement qui s'ensuit : savoir faisons et connaissant à tous ceux qui présentes lettres verront et orront, que nous, conjointement ensemble et chacun de nous, par lui et pour le tout, avons rendu, cédé et transporté, et par ces présentes vendons, cédons et transportons à l'honorable personne Collard de Failly, écuyer, demeurant à Marville, et à Poinsette sa femme, achetant pour eux, toute la quarte partie que nous avons, devons et pouvons avoir et que à nous doit et peut appartenir en quelle cause, titre ou raison que ce soit ou puisse être, tant à cause de gagière comme autrement, en toute la ville, lais, finage et confinage de Hauraucourt, etc., etc... En témoin de vérité, et afin que toutes les choses dessus dites soient fermes et estables, nous Robert des Armoises et Jehanne du Lys, la Pucelle de France, notre femme dessus nommée nous avons mis et appendu nos propres scels en ces présentes lettres, et avec ce avons prié et requis notre cher et grand ami Jehan de Thoneletil, seigneur de Villette et Jaubelet de Dun, prévôt de Marville, qu'ils veulent mettre leurs scels en ces présentes avec les nôtres en cause de témoignage.

« Et nous, Jehan de Thoneletil et Jaubelet dessus nommés, à la prière de nos très chers et grands amis le dessusdit Messire Robert et Dame Jehanne dessus nommée, avons mis et appendu nos propres scels en ces présentes lettres avec les leurs pour cause de témoignage, qui furent faites et données l'an de grâce, Notre Seigneur mil quatre cent trente six au mois de novembre septième jour. »

Jeanne du Lys, la fille du père Darc, était mariée.

Identité de Jeanne et de la dame des Armoises.

C'est que bien des événements s'étaient accomplis depuis la fin de mai 1431. La femme de Bedford, régent de France pour l'Angleterre, était morte, et elle était le dernier lien entre les Anglais et le duc de Bourgogne ; la paix (traité d'Arras) était faite entre le roi de France Charles VII et le duc de Bourgogne ; il n'y avait plus en France d'anglo-bourguignons ; il n'y avait plus qu'en Normandie des Anglais dans une situation précaire, désespérée ; Bedford lui-même était mort ; l'Angleterre était désolée par des querelles intestines ; et le roi de France, Charles VII, entrait triomphalement dans la ville de Paris.

C'était la déconfiture énorme des Anglais. Comment Jeanne, avec son idée fixe d'évasion, avait-elle réussi à s'échapper, on ne sait ; mais elle avait mis son projet à exécution, et tout à coup le bruit de son retour s'était répandu.

C'était bien Jehanne du Lys, Jehanne la Pucelle, et non une aventurière qui s'affublait de ce nom, comme quelques chroniqueurs ignorants l'ont beaucoup plus tard prétendu, la confondant avec une femme du Mans, qui prit un rôle de pucelle, c'est-à-dire de voyante ; mais sans d'ailleurs prétendre en aucune façon se faire passer pour Jeanne Darc. Il n'y a jamais eu de fausse Jeanne Darc. Il est regrettable pour M. Quicherat et ceux qui s'appuient sur lui que la clairvoyance de ce savant ait été mise sur ce point en défaut. M. Vallet de Viriville avait, lui aussi, fait cette confusion dans sa traduction du procès de condamnation de Jeanne ; mais il a loyalement reconnu son erreur, dans son *Histoire de Charles VII*. Quant aux documents établissant l'identité des deux personnages, ils abondent ; celui-ci n'est pas un des moins curieux :

Réunion de Jeanne avec ses frères.

« L'an mil quatre cent trente-six, dit la chronique du Doyen de Saint-Thibaut de Metz, le vingtième jour de may, vint la Pucelle Jehanne qui avait été en France, à la Grange-aux-Hormes, près de Saint-Privas..... Et le propre jour y vinrent veoir ses deux frères, dont l'un estoit chevalier, et s'appelloit messire Pierre ; et l'autre. Petit-Jehan, escuyerz. Et cuidoient qu'elle fut ars ; et tantost qu'il la virent, il la congneurent, et aussy fist elle eulx. Et le lundi, XXIe jour doudit mois, ils l'ammoinent lor suer avecque eulx à Bacquillon et ly donnaist le sire Nicole Lowe, chevalier, ung roussin du prix de XXX francs, et une paire de Houzelz, et seignour Aubert Boulay ung chapperon, et sire Nicole Groingnat une espée. Et la dite Pucelle saillit sur le dit cheval très habillement, et dicte plusieurs choses au sire Nicole Lowe, dont il entendit bien que c'estoit celle qui avait été en France ; et fut recongneu par plusieurs enseignes pour la Pucelle Jehanne de France, qui amainnat sacrer le roy Charles à Reims... Mais quant ses frères l'en eurent moinnée (emmenée) elle revint tantost en les festes de la Penthecoste en la ville de Mareville, enchieu Jehan Quenast, et se tint là jusques environ trois sepmaines ; et puis se partist pour aller en Notre-Dame-de-Liance, ly troisiesme ; et quant elle volt partir, plusiours de Metz l'allant veoir à la dicte Mareville, et ly donnont plusiours juelz, et là recongnurent ilz que c'estoit proprement Jehanne la Pucelle de France. Et adoncq ly donnait Joffroy Deu ung cheval, et puis s'en allait à Arelont, une ville qui est en le duchié du Lucembourg.

« Item, quant elle fust à Arelont, elle estoit tousjours dès madame de Lucembourg ; et y fut grant pièce, jusques à tant le filsz, le comte de Warnonbourg l'emmoinnoit à Coullongne. Et l'aymoit ledit comte très fort ; et tant que, quant elle en volt venir, il ly fut faire une très belle curesse pour el armer. Et puis s'en vint à la dicte Arelon ; et là fut faict le mariage de messire Robert des Hermoises, chevalier, et de la dicte Jehanne la Pucelle. Et puis après s'en vint ledit siour des Hermoises avec sa femme la Pucelle demourer en Metz, en la maison ledit sire Robert, qu'il avoit devant Saincte-Segoleine ; et se tinrent là jusques tant qu'il lors plaisit. »

Il leur « plaisit » assez pour faire souche dans la famille des Armoises et pour qu'on retrouvât ultérieurement, entre autres, l'acte de vente transcrit plus haut.

Si Jeanne s'était ainsi constitué une seconde famille, sa première ne l'abandonnait pas pour cela, au contraire, et la préoccupation des frères fut, aussitôt après l'avoir retrouvée, de porter la nouvelle de ce retour.

Jeanne fait annoncer son retour aux Orléanais.

Naturellement ils piquèrent tout droit du côté des pays où l'on avait jadis connu Jeanne, des pays où était encore le roi, et en particulier vers la cité d'Orléans.

Les Orléanais chez qui Jeanne était venue tant de fois après le siège, étaient parmi ceux qui ne l'avaient pas oubliée; même sur la légende naissante de sa mort ils avaient fait dire une messe annuelle à l'église Saint-Samson; ils eurent donc satisfaction à apprendre que Jeanne était bien vivante, et ils en témoignèrent par quelques petites libéralités à ses frères pour les aider en leurs voyages. On leur portait à manger ainsi qu'à boire, et on leur donnait même un peu d'argent.

Ainsi, en date du 5 août 1436, on lit dans le compte des dépenses de la ville qu'il a été versé 8 sous 9 deniers parisis pour dix pintes et chopine de vin, prises chez Jean Hatte pour être « données et présentées à Jehan, frère de la Pucelle. »

Aux « pintes et chopines » de vin furent joints douze poulets achetés par Aignan de Saint-Mesmin.

Quatre jours après, nouveau don de 48 sous, en récompense de la peine prise pour « apporter lettre à la ville, de par Jehanne la Pucelle ».

Même mois, autre cadeau d'un peu plus d'importance. Il est en effet inscrit aux comptes;

« A Pierre Baratin et Jacques Lesbahy, pour bailler à Jehan Dulils, frère de Jehanne la Pucelle, le mardi XXI⁰ jour d'aoust l'an mil CCCC XXXVI, pour don à lui fait, la somme de 12 livres tournois, pour ce que ledit frère de la dicte Pucelle vint en la Chambre de la dicte ville requérir aux procureurs qu'ilz lui voulussent aider d'aucun poy d'argent pour s'en retourner par devers sa dicte sœur, disant qu'il venoit de devers le roy et que le roy lui avoit ordonné cent francs et commandé qu'on les lui baillast; dont on ne fist riens; et ne lui en fut baillé que 20, dont il avait despendu les 12 et ne lui en

restait plus que 8 francs, qui estait soy cinquiesme à che
val. Et pour ce lui fut ordonné en la dicte Chambre de
la dicte ville par lesditz procureurs, qu'on lui donnast
12 francs. »

La correspondance avec Jeanne avait pris de l'activité.
Le 25 août arrive une nouvelle lettre de la Pucelle, qui,
d'autre part, se mettait en relation avec les autres villes
où elle avait auparavant passé.

Le livre de comptes d'Orléans porte :

« A Regnault Brun, le XXV⁰ jour dudict moys, pour
faire boire ung messagier qui apportoit lectres de Jehanne la Pucelle et aloit par devers Guillaume Belier,
bailli de Troyes, pour ce, 2 s. 8 d. p. »

La correspondance n'est pas d'ailleurs que d'un seul
côté ; le Conseil d'Orléans écrit lui-même à Jeanne, et
ce sont toujours les comptes qui en témoignent.

Le roi apprend le retour de Jeanne, dont le frère est bientôt nommé prévôt de Vaucouleurs.

« A Cœur-de-Lils, le XVII⁰ jour d'octobre
MCCCCXXXVI, pour ung voyage qu'il a fait pour la
dicte ville par devers la Pucelle, laquelle estoit à Arlon
en la duchesté du Lucembourg et pour porter les lectres
qu'il apporta de la dicte Jehanne la Pucelle, à Loches,
par devers le roy qui là estoit, auquel voyage il a
vacqué XLI jours, c'est assavoir XXXIIII jours du
voyage de la Pucelle et sept jours à aler devers le roy.
Et partit le dit Cœur-de-Lils pour aler par devers la
dicte Pucelle, le mardi dernier jour de juillet, et retourna
le II⁰ jour de septembre ensuivant. »

Et à ce retour on lui fit fête; car il fut payé « à Jacquet Leprestre, le 11° jour de septembre, pour pain, vin, poires et cerneaulx despensez en la Chambre de la dicte ville, à la venue du dit Cœur-de-Lils, qui apporta les dictes lectres de Jehanne la Pucelle, et pour faire boire ledit Cœur-de-Lils lequel disoit avoir grant soif; pour ce, 2 s. 4 d. p. »

Les démarches vers le roi ne furent pas non plus sans résultat; car si le pauvre « Jehan » avait, par la faute de subalternes, éprouvé un mécompte de 80 livres, en revanche il remporte le gros avantage d'être nommé cette même année prévôt de Vaucouleurs.

En ces années la renommée de Jeanne fut considérable et l'on fit grand bruit d'elle, par le fait surtout du fameux Maréchal de Rais qui en des expéditions de diverses sortes, soit pour ses crimes, soit pour ses combats, parcourait toute la région d'Ouest à la tête de son cortège mystique de prêtres, de moines, d'enfants. Pour accroître son renom dans les endroits où il s'arrêtait, il faisait jouer à sa troupe des spectacles « des mystères » comme on disait, où étaient retracés ses hauts faits, entre autres le siège d'Orléans et d'autres combats dans lesquels figurait à ses côtés le personnage de Jeanne la pucelle.

Séjours répétés de Jeanne à Orléans. Elle y retrouve sa mère.

Aussi, quand celle-ci vint en personne à Orléans, où on l'avait vue tant de fois à des intervalles portant sur de longs mois, où tout le monde l'avait connue, lui avait fait des cadeaux, y fut-elle plus honorablement reçue encore que ne l'avaient été ses frères, et la ville lui témoigna de la somme d'importance qu'elle attachait à son concours de 1429, par une donation ainsi libellée :

« A Jehanne des Armoises, pour don à elle fait le premier jour d'Aoust par délibéracion faite avecques le Conseil de la ville, et pour le bien qu'elle a fait à la dicte ville durant le siège : pour ce 210 l. p. »

Ce témoignage des Orléanais est d'une précision qui ne laisse rien à désirer. Mais du reste quoi d'étonnant que Jeanne se soit sauvée de sa prison et ait reparu ? La chose arrivait tous les jours pour tous les prisonniers ; les uns s'enfuyaient, les autres payaient une rançon ; mais plus ou moins tard et selon les circonstances, on les revoyait ; Xaintrailles a passé sa carrière à entrer en prison et à en sortir ; le frère de Jeanne, Pierre, pris avec elle à Compiègne trouva pour payer sa rançon à emprunter de l'argent que d'ailleurs il ne rendit pas. Jeanne non suppliciée, et à l'heure qu'il est l'historien peut mettre au défi qui que ce soit d'établir la réalité de ce supplice, Jeanne devait profiter des circonstances qui devinrent si favorables en 1436, et mettre un terme à sa captivité, ce qu'elle fit, ce que ses frères allèrent annoncer dans les principaux endroits où on l'avait connue et ce qu'elle vint confirmer elle-même aux Orléanais par plusieurs séjours qu'elle fit dans leur ville.

Pendant ces séjours on lui faisait des cadeaux pour son entretien. Ainsi il est payé :

« A Jaquet Leprestre, le XVIIIe jour de juillet, pour dix pintes et choppine de vin présentées à dame Jehanne des Armoises ; pour ce 14 s. p. — A lui, le XXIXe jour de juillet, pour dix pintes et choppines de vin présentées à ma dicte dame Jehanne ; pour ce 14 s. p. — A lui, le penultime jour de juillet, pour viande achetée de Perrin Basin, présent Pierre Sevin, pour présenter à dame Jehanne des Armoises ; pour ce 40 s. p. — A lui, pour XXI pintes de vin à disner et à soupper, présentées à la dicte Jehanne des Armoises, ce jour : pour ce 28 s. p — A lui, le premier jour d'aoust, pour dix pintes et choppines de vin à elle présentées à disner, quand elle se parti de ceste ville ; pour ce 14 s. p. »

« A Jehan Pichon, le IVe jour de septembre, pour ses pintes et choppines de vin à 8 d. la pinte, présentées à dame Jehanne des Armoises ; pour ce 4 s. 4 d. p. »

En dehors des souvenirs que lui rappelait la ville, et du plaisir qu'elle éprouvait à y revenir par suite de la sympathie à elle témoignée, Jeanne avait encore une raison toute intime, un devoir de famille, qui la ramenait à Orléans.

La famille de Jeanne se fixe à Orléans.

C'était à Orléans en effet que vivait sa mère, Isabellette Romée, qui, veuve du père Darc ; vivait de petites subventions du Conseil de la ville. Après 1440 celui-ci fit même à la mère Romée une pension régulière. Orléans était ainsi devenu comme le centre de la famille des anciens Darc, devenus les du Lys. Pierre, le plus jeune des frères de Jeanne, vint s'y installer, comme sa mère, pour le reste de ses jours ; il parvint à s'y faire une petite situation, grâce aux libéralités qu'il arrachait de temps en temps, soit à la ville, au trésor royal ou au duc d'Orléans. Et à ce propos la donation qui lui fut faite d'une île montreque Jeanne, devenue des Armoises, n'était plus en France en 1443.

« Ouye, dit le document portant la date 1443, la supplication du dit Messire Pierre contenant que pour acquitter la loyauté envers le Roi, nostre dit Seigneur et Monsieur le duc d'Orléans, il partit de son pays pour venir à leur service en compagnie de Jehanne la Pucelle sa sœur, avec laquelle et jusques à son absentement, et depuis jusques à présent, il a exposé son corps et ses biens audit service... Ces raisons ayant été ouïes, il résulte de la suite du document que Pierre reçut en don une île de la Loire, dite l'Ile aux Bœufs.

Il en résulte également que Jeanne était partie. Astre de passage au ciel de l'histoire, ayant brillé, par intermittences, d'un éclat secondaire mais sans tache, elle était rentrée dans le monde obscur de la vie privée, ne cessant pas d'être, mais cessant d'être en vue.

Fin du rôle historique de Jeanne

L'âge était venu pour elle de la tranquillité ; la fille névrosée était devenue femme en complet développement. Et puis la bataille était bien finie. La paix conclue avec la Bourgogne, la mort de Bedford, les dissensions des partis en Angleterre, la prise de possession de Paris par le gouvernement de Charles VII, avaient permis à celui-ci de poursuivre la seconde partie de son œuvre, la réorganisation de l'armée, de donner la chasse aux compagnies franches, qui, opérant encore pour leur compte en quelques endroits, faisaient crier contre elles les populations. C'en était bien fini des capitaines indépendants : La Hire lui-même ayant repris, faute de grandes guerres son ancien métier de chef de bande, avait été appréhendé au corps par la nouvelle armée du roi.

D'autres anciens compagnons de Jeanne allaient aussi disparaître de la scène ou en être violemment enlevés ; ceux qui avaient cru qu'il n'y avait point de loi pour eux devaient se réfugier dans leurs châteaux, en attendant d'en voir les murailles brisées par l'artillerie de Jean Bureau ; et le plus brillant d'entre eux, celui qui avait fait alterner d'immenses services militaires avec d'épouvantables crimes cachés, le conducteur de Jeanne, maréchal de Rais, venait lui, un des plus grands personnages du royaume, d'être supprimé par la main du bourreau.

C'était bien l'heure de la retraite pour Jeanne du Lys, dame des Armoises, d'autant plus, s'il faut en croire le récit d'un Bourgeois de Paris, qu'elle ne se sentait pas à l'abri de nouvelles persécutions du clergé.

Ce n'est donc plus le personnage historique, dont le rôle, quel qu'il ait pu être, a pris fin, c'est le personnage légendaire que nous retrouverons dans la future partie de notre œuvre de reconstitution et de restitution ; mais ce n'en sera pas moins de l'Histoire et fort curieuse, que le tableau de la naissance et de l'évolution de cette légende qui en est arrivée à occuper de nos jours les cerveaux mystiques, plus profondément que la légende même du rachat par le Christ ; ce sera aussi de l'histoire pleine d'enseignements que de voir dans leur chute ce de Rais et ce d'Alençon, ce maréchal et ce « beau duc », que de suivre les juges de Jeanne fiers des honneurs à eux conférés par le roi Charles VII après sa victoire définitive et rivalisant de bassesse, de réticences, — pour parler comme M. Vallet de Viriville — quand le pouvoir nouveau leur enjoindra de se déjuger.

FIN

TABLE DES MATIÈRES

Imp. de la Soc. de Typ. - Noizette, 8, r. Campagne-Première. Paris.

Charles **BAYLE**, Éditeur, 16, RUE DE L'ABBAYE, PARIS.

PETITE BIBLIOTHÈQUE

D'HISTOIRE ET DE GÉOGRAPHIE

PROGRAMME

Il n'est pas excessif de dire que nous assistons à une véritable rénovation des études historiques. Les méthodes de travail se sont modifiées, les sciences auxiliaires ont accru leur domaine, la critique est devenue plus sévère, l'étude patiente des sources originales et l'interprétation des documents authentiques ont pris la place des généralisations fantaisistes. On a compris, en un mot, que l'Histoire n'est pas une branche de la littérature, et que, si elle gagne à être bien écrite, elle ne doit pas sacrifier aux agréments de la narration le souci de l'exactitude.

En même temps que cette modification se produisait dans les méthodes, une science nouvelle, la Sociologie, empruntait à l'Anthropologie et à l'Histoire ses bases constitutives. A côté des faits d'ordre politique ou militaire, on s'est donc occupé du droit et des institutions, du développement intellectuel, des mœurs et des coutumes, des croyances religieuses ; on a interrogé l'ethnographie et l'archéologie préhistorique sur les origines de l'humanité ; on a vu enfin que l'Histoire ne mérite ce nom qu'autant qu'elle embrasse l'évolution même de la civilisation.

La Géographie, comme l'Histoire, dont elle est l'introduction nécessaire, a été elle aussi complètement renouvelée. Elle a cessé d'être une nomenclature aride et sans intérêt, pour devenir l'inventaire raisonné de la planète considérée en elle-même et dans ses rapports avec les faits dont elle est le théâtre ou la cause directe. Sans se confondre avec l'histoire naturelle, avec l'ethnographie, avec l'économie politique, etc., elle a dû se préoccuper de la répartition des produits naturels, de la distribution des races, des causes qui influent sur le développement économique des peuples, et ainsi comprise, elle a apporté à l'Histoire un appréciable appui.

Cette rénovation des études géographiques et historiques a eu déjà son contre-coup sur les méthodes d'enseignement, mais il ne nous semble pas qu'il en ait été tenu suffisamment compte dans les ouvrages dits de vulgarisation qui, sauf d'honorables exceptions, sont le plus souvent, il faut bien le dire, des articles de commerce plutôt que des livres sincèrement destinés à répandre de saines connaissances. La *Petite Bibliothèque d'Histoire et de Géographie* prétend vulgariser consciencieusement les résultats des études géographiques et historiques. Elle contiendra l'exposé des phénomènes géographiques, la monographie des grands fleuves, des grands systèmes montagneux, des principales régions du globe, l'étude des races humaines, celle de leurs mœurs et de leurs coutumes, l'histoire des découvertes et des progrès de la science du globe. Elle consacrera des volumes spéciaux aux grandes périodes qui constituent les phases saillantes de l'évolution humaine, comme la Réforme ; l'on y trouvera l'histoire de chaque Etat pris isolément, l'histoire diplomatique, l'histoire militaire, l'histoire navale, etc. Une part très large sera faite à l'histoire contemporaine qui, dans les livres d'enseignement ou de vulgarisation, est généralement sacrifiée. C'est ainsi que nous donnerons, en un volume, l'histoire des Etats allemands depuis leurs origines jusqu'en 1871, et qu'un autre volume sera entièrement consacré à l'histoire tout à fait contemporaine de l'Allemagne. Nous avons pensé en effet que, pour être comprise, l'histoire de notre temps, celle qui se fait sous nos yeux, doit être racontée avec un luxe de détails qui n'est pas indispensable lorsqu'il s'agit de périodes closes, susceptibles d'être jugées dans leur ensemble.

L'étude des institutions publiques et privées a pris, ces temps derniers, une place considérable dans les préoccupations des historiens et des jurisconsultes. Il nous a donc paru utile de consacrer plusieurs volumes à l'exposé, d'après les sources originales et les meilleurs travaux, des institutions qui ont été ou qui sont en vigueur chez les différents peuples.

L'ensemble des volumes qui doivent composer la *Petite Bibliothèque* est, on le voit, destiné à constituer une Géographie et une

Histoire universelle conçues d'après un plan très complet et relativement neuf.

PLAN DE LA COLLECTION

Notions de géographie générale. Monographie des grands fleuves et des grands systèmes orographiques.

Histoire de la Géographie dans l'antiquité. Histoire de la Géographie au moyen âge. Histoire de la Géographie du xve au xviiie siècle. Histoire de la Géographie du xviiie siècle à nos jours. Histoire de la Navigation.

Notions d'Ethnographie générale. Monographies des principales races humaines.

Notions de science historique et de philosophie de l'histoire. Éléments de Sociologie.

La Civilisation préhistorique. La Civilisation primitive. La Civilisation antique. La Civilisation du moyen âge. La Civilisation et la Renaissance. La Civilisation et la Réforme. La Civilisation au temps de Louis XIV. Le Dix-huitième siècle. La Révolution et la Civilisation moderne.

Précis d'histoire diplomatique. Recueil des principaux traités de paix.

Précis d'histoire militaire et d'histoire navale.

Lexique des termes employés en Géographie et en Histoire.

Géographie et histoire de la France. Monographies des anciennes provinces. La Colonisation française.

Géographie des Iles Britanniques. Histoire de la Grande-Bretagne depuis les origines jusqu'en 1815. Histoire de l'Angleterre contemporaine. Histoire de l'Irlande. Histoire des îles de la Manche. La Colonisation anglaise.

Géographie et histoire de la Belgique et des Pays-Bas. Les Colonies hollandaises.

Géographie et histoire des Etats Scandinaves.

Géographie et histoire de la Suisse.

Géographie et histoire de l'Alsace et de la Lorraine.

Géographie de l'Allemagne. Histoire de l'Allemagne des origines à 1871. Histoire de l'Allemagne contemporaine. La Colonisation allemande.

Géographie de l'Autriche-Hongrie. Histoire de l'Autriche-Hongrie des origines à Sadowa. Histoire de l'Autriche-Hongrie contemporaine.

Géographie et histoire de la Russie.

Géographie et histoire de la Turquie. Géographie et histoire des Etats des Balkans. La question d'Orient.

Géographie de la Grèce ancienne et moderne. Histoire de la Grèce ancienne. Histoire de la Grèce depuis la conquête romaine jusqu'à nos jours.

Histoire du Bas-Empire.

Géographie de l'Italie ancienne et moderne. Histoire de l'Italie dans l'antiquité. Histoire de l'Italie depuis la chute de l'Empire romain jusqu'à nos jours. Les Républiques italiennes. La Colonisation italienne.

Géographie et histoire de l'Espagne et du Portugal.

Histoire de l'Asie-Mineure. Histoire de l'Assyrie et de la Chaldée. Histoire des Phéniciens. Histoire des Juifs. Histoire des Arabes. Géographie et histoire de la Perse.

Géographie et histoire de l'Inde. L'Inde antique. Les Français aux Indes. L'Inde britannique. Les Russes et les Anglais en Asie.

Géographie et histoire de l'Indo-Chine.

Les Archipels de l'Océanie.

Géographie et Histoire de l'Égypte. Les Anglais en Égypte et l'insurrection du Soudan. L'Abyssinie.

L'Algérie. La Tunisie. Le Maroc. La Tripolitaine. Le Sahara. Les États du Soudan. La France au Sénégal. Le Congo français. L'État indépendant du Congo. L'Afrique centrale. L'Afrique australe. Madagascar et ses satellites.

L'Amérique avant Christophe Colomb. Les Français au Canada. Le Canada contemporain. Géographie et Histoire des Etats-Unis. Géographie et Histoire des Etats de l'Amérique centrale. Les Etats de l'Amérique du Sud.

La Vie publique et la Vie privée chez les anciens et chez les modernes. La Constitution des Etats de l'Europe. Institutions, mœurs et coutumes. Précis de l'histoire des religions.

Imp. de la Soc. de Typ. - Noizette, 8, r. Campagne-Première. Paris.